OS CONTOS DE FADAS

Origens, história e permanência no mundo moderno

Ana Lúcia Merege

OS CONTORNOS DE FADAS

Origens, história e permanência no mundo moderno

EDITORA
Claridade
São Paulo

© *Copyright*, 2010, Ana Lúcia Merege

Todos os direitos reservados.
Editora Claridade Ltda.
Av. Dom Pedro I, 840
01552-000 – São Paulo – SP
Fone/fax: (11) 2168-9961
E-mail: claridade@claridade.com.br
Site: www.claridade.com.br

Preparação de originais: Marco Haurélio e Deborah Di Cianni
Revisão: Cristina Di Cianni
Capa: Valeriano sobre pintura de Albert Anker (1831-1910), *Le petit Chaperon Rouge*
Imagens: Gustave Doré (1832-1883); John Batten (1860-1932)
Editoração eletrônica: Eduardo Seiji Seki

Dados para Catalogação

Merege, Ana Lúcia
  Os contos de fadas: origens, história e permanência no mundo moderno – São Paulo : Claridade, 2010.
  88 p. : il. -(Saber de tudo)

  Inclui bibliografia
  ISBN-978-85-88386-39-6

  1. Contos de fadas I. Análise e interpretação II. Literatura folclórica : contos folclóricos. III. Título.

CDD: 398.2

Índice sistemático para catalogação
027 – Bibliotecas gerais
027.625 – Bibliotecas infantis
027.8 – Bibliotecas escolares

Em conformidade com a nova ortografia.
Nenhuma parte deste livro pode ser reproduzida sem a autorização expressa da Editora Claridade.

Sumário

1. O conto de fadas: abordagens e definições 7
2. A gênese dos contos de fadas 16
3. O conto de fadas e o universo medieval 31
4. Da renascença ao século de Perrault 43
5. O século XIX: romantismo e folclorismo 54
6. O conto de fadas e a sua divulgação no Brasil 62
7. A interpretação dos contos de fadas: uma introdução 67
8. O conto de fadas: permanência no mundo moderno 73
Outras leituras, outras visões 85
Sobre a autora 87

O conto de fadas: abordagens e definições

O termo *conto de fadas* pode ser abordado segundo várias perspectivas – a histórica, a antropológica, a psicológica, a literária –, cada uma das quais com seus próprios parâmetros de análise do fenômeno. Contudo, chegar a uma definição precisa da natureza e dos limites desse tipo de narrativa é uma tarefa difícil, pois, além da impossibilidade de estabelecer uma origem e uma cronologia exatas para os contos de fadas, também não podemos saber ao certo como se deu sua transmissão ao longo dos séculos.[1]

De modo geral, os teóricos de todas as áreas concordam que o conto de fadas tem origens muito antigas, possivelmente pré-históricas, tendo se iniciado com as histórias contadas pelos xamãs e pelos anciãos das tribos ao redor do fogo. Nesse período, os relatos do cotidiano se confundiriam com os mitos e os rituais, principalmente os de iniciação no mundo adulto, por meio do cumprimento de provas e/ou de algum tipo de sacrifício. Deve-se notar que isso não é privilégio das civilizações da Europa: todas as culturas têm suas histórias tradicionais, sua mitologia, sendo que algumas delas, notadamente as do Oriente,

---

[1] WARNER, Marina. *Da fera à loira*: sobre contos de fadas e seus narradores, p. 19-20.

viriam a se mesclar ao substrato europeu na gênese do conto de fadas propriamente dito.

A literatura maravilhosa que floresceu, já a partir da Antiguidade, com ecos no terreno do sagrado – como a *Gesta de Gilgamesh*, cujos primeiros fragmentos datam de cerca de 2.100 antes da presente era –, conteria elementos provenientes daquele imaginário ancestral, povoado de seres mágicos, animais fantásticos, feiticeiros, deuses e gênios, além de um herói (ou heroína) enviado numa jornada que é ao mesmo tempo a busca de um objetivo e do autoconhecimento. Histórias mitológicas, como as de Ísis e Osíris e Eros e Psiquê, e clássicos como *A ilíada* e *A odisseia* trazem motivos que, mais tarde, seriam recorrentes nos contos de fadas. Por outro lado, podem-se atribuir a essas histórias inúmeros significados ligados à psique humana, razão pela qual elas também despertam o interesse de estudiosos da área, como Bruno Bettelheim e Carl Gustav Jung.

Os historiadores e os antropólogos, por sua vez, procuram situar o conto de fadas em seu contexto histórico, social e cultural, analisando cada versão em relação à sociedade e à época em que foi produzida. Assim, determinar a origem não é tão importante como estabelecer as formas de transmissão, difusão e transformação do conto e identificar os elementos compatíveis com o momento histórico. Nesse tipo de abordagem, portanto, cada conto pode ser apreendido como produto de uma cultura cujos usos, costumes e mentalidade se refletem na narrativa.

Uma definição puramente literária do conto de fadas seria ainda mais complexa, dado o fato de que a literatura também tem poderosas implicações socioculturais. Contudo, alguns parâmetros formais podem ser estabelecidos na análise dos textos, pois a linguagem costuma seguir um estilo determinado, existem fórmulas clássicas de abertura ("Era uma vez...") e fechamento dos contos e, o que é de extrema importância, a estrutura narrativa costuma seguir uma linha básica, pelo menos nos registros mais tradicionais. Apesar disso, o conto de fadas pode facilmente se confundir com outros gêneros de narrativa, como a lenda, a fábula e principalmente o chamado *conto maravilhoso*.

Em seu texto fundamental acerca da literatura fantástica, Todorov declara ser o conto de fadas "uma das variedades do maravilhoso, do qual se distingue por uma certa escritura e não pelo estatuto do sobrenatural".[2] Por outro lado, Nelly Novaes Coelho estabelece duas diferenças básicas entre os gêneros:

1. *Origem.* O conto maravilhoso teria vindo do Oriente, através de coletâneas como *As mil e uma noites*, enquanto o conto de fadas surgiu na Antiguidade Clássica e tomou forma na Idade Média.
2. *Propósito.* O objetivo do herói do conto maravilhoso seria sempre de natureza material e/ou social e/ou sensorial, tal como em *O Gato de Botas* e *Aladim*. Já no conto de fadas, a recompensa seria de ordem espiritual e existencial: o herói ou heroína encontra o amor, transcende uma condição negativa e se purifica por meio das provas enfrentadas.[3]

Quanto a esse último ponto, os historiadores certamente fariam objeções, argumentando que histórias como a da *Cinderela* – indiscutivelmente um conto de fadas – também mostram um modelo de ascensão social, mais pertencente à esfera material que ao idealismo transcendente. Por sua vez, as abordagens ligadas à psicologia podem considerar os temas tão universais, em ambos os gêneros, que uma separação entre eles não faria sentido. O mesmo talvez dissessem os folcloristas e antropólogos quanto à possível origem e primeiras formas de transmissão do conto.

---

[2] TODOROV, Tzvetan. *Introdução à literatura fantástica*, p. 60.
[3] COELHO, Nelly Novaes. *literatura infantil*, p. 172-173.

O Gato de Botas. Ilustração de Gustave Doré

A identidade se torna ainda maior quando percebemos que a estrutura narrativa de ambos os gêneros é praticamente a mesma. Segundo o modelo estabelecido por Vladimir Propp,[4] as histórias apresentam cinco pontos que jamais variam, sejam quais forem os complementos adicionados à trama. Estes pontos seriam os seguintes:

---

[4] *Morfologia do conto maravilhoso*, citado por COELHO, 2000, p. 109-110.

Os Contos de Fadas

a) A *aspiração* ou *desígnio*: o motivo nuclear que leva o herói à ação. Pode ser um dever (Bela deve ir viver com a Fera), uma tarefa (Ivan precisa capturar o pássaro de fogo para satisfazer o czar), um ideal ou aspiração (Cinderela deseja ir ao baile). O desígnio é sempre o ponto de partida da história.

b) A *viagem*. Em geral o herói empreende uma jornada, deixando seu lar, seu país, sua família. Em alguns casos, porém, como o da Cinderela, ele é despojado de seus direitos ou sua identidade, passando a viver num ambiente hostil, ainda que continue em sua própria casa.

c) O *desafio* ou *obstáculo*. Este pode aparecer como algo físico (um fosso, uma floresta intransponível...), uma fera, uma profecia (como a da bruxa de *A bela adormecida*), uma tarefa aparentemente irrealizável ou um antagonista, como uma bruxa, um ogro, um rival, um amo ou uma madrasta cruel. O desafio é essencial para o herói: é o ordálio, a prova pela qual ele passa para merecer sua recompensa e/ou alcançar a redenção.

d) O *mediador*. O herói é sempre auxiliado por um objeto encantado (como uma espada, uma chave ou as botas de sete léguas) ou um ser mágico (a fada madrinha, o gênio da lâmpada), que às vezes assume a forma animal (o Gato de Botas, o cavalo de Maria Gomes). Mesmo em *A bela e a fera*, onde são as virtudes (e o amor) de Bela que quebram o encantamento, existem o espelho e o anel que a mantêm em contato, respectivamente, com a sua família e com a Fera. A espertaza de um amigo ou criado ou algum talento especial do herói (ou de seu aliado) podem também bastar à remoção do obstáculo, mas isso não é comum no conto de fadas típico.

O Pequeno Polegar. Ilustração de Doré

e) *A conquista do objetivo.* Finalmente, o herói cumpre seu propósito. Nos contos maravilhosos, em geral, ele se torna rico ou respeitado, enquanto nos contos de fadas é a hora do "felizes para sempre". Note-se, em relação a isso, que nos contos de fadas é muito comum que os protagonistas sejam príncipes ou princesas, enquanto, no conto maravilhoso, a ascensão social costuma vir como recompensa (Aladim, o Alfaiate Valente e o dono do Gato de Botas, todos se casam com princesas herdeiras).

A partir desses cinco pontos básicos, diversos elementos podem aparecer como variantes. O personagem pode ser desafiado ou enganado, pode ter um companheiro de aventuras, pode fracassar em tarefas prévias antes do sucesso final. A trama básica também pode variar bastante, mesmo nos contos de fadas

Os Contos de Fadas 13

mais tradicionais, tais como os que constaram das recolhas de Perrault e dos Irmãos Grimm.

Na tentativa de sistematizar o estudo dos contos (não apenas os de fadas), o finlandês Anti Aarne desenvolveu um sistema de classificação segundo unidades temáticas, que foi publicado em 1910. A segunda edição, de 1928, teve uma grande contribuição do editor, Stith Thompson. Com a terceira edição, de 1961, a classificação passou a ser conhecida como o *Sistema Aarne-Thompson*.

Apesar da rigidez do sistema, ele é útil para pesquisadores de folclore que procuram mapear semelhanças entre contos de diferentes proveniências. Por exemplo, o tipo identificado pelo número AT451 corresponde a contos em que o herói tem irmãos transformados em pássaros. A descrição se aplica a três contos recolhidos pelos Grimm (*Os sete corvos, Os seis cisnes, Os doze irmãos*), bem como a *Os cisnes selvagens*, conto literário de Hans Christian Andersen. Assim, se um etnólogo anunciar que encontrou um conto do tipo AT451, já podemos saber que o herói tem que resgatar irmãos transformados em pássaros, seja qual for a origem da narrativa.

De um modo abreviado, são estes os grandes grupos de contos no Sistema Aarne-Thompson :

– Contos de animais (1-299);
– Contos de fadas propriamente ditos (300-1199);
– Facécias ou anedotas (1200-2399);
– Tipos não classificados (2400-2499).

Recentemente, em 2004, o sistema foi expandido por Hans--Jörg Uther, passando a ser conhecido como Sistema Aarne--Thompson-Uther (ATU). Apresentado numa obra em três volumes – *The types of international folktales: a classification and bibliography based on the system of Anti Aarne and Stith*

Thompson –, o sistema de Uther é mais flexível e detalhado, compreendendo as seguintes categorias:

- Contos de animais
- Contos de magia
- Contos religiosos
- Contos realistas
- Contos de gigantes (ou ogros, ou demônios...) estúpidos
- Anedotas
- Histórias de repetição

Note-se que não apenas o sistema expandido, mais abrangente no que concerne à proveniência das narrativas, mas também o original não se restringe aos contos de fadas ou mesmo aos chamados maravilhosos. Ao contrário, ambos incluem os contos tradicionais de todos os tipos, assim como fábulas, anedotas, contos de repetição e mesmo histórias de tradição religiosa. Em suma, incluem todos os *contos populares*, os quais, para Câmara Cascudo, seriam aqueles que atendem às qualidades básicas de *antiguidade, anonimato, divulgação* e *persistência*.[5]

Os contos de fadas pertencentes às recolhas de Perrault e dos Grimm, entre outros, podem facilmente se enquadrar nos itens propostos por Cascudo. No entanto, é indiscutível que o gênero também comporta contos autorais, como os de Andersen, e histórias modernas, que seguem a estrutura e a temática dos contos de fadas (como alguns dos contos de Hermann Hesse) ou ainda os revisitam e recriam, como as de Angela Carter e Marina Colasanti.

---

[5] CASCUDO, Luís da Câmara. *Contos tradicionais do Brasil*, p. 11.

Os Contos de Fadas

Vemos, assim, que a clássica pergunta "o que é conto de fadas?" só pode ser satisfatoriamente respondida se levarmos em conta os vários fatores envolvidos em sua criação, transmissão e caracterização como gênero narrativo. Um bom ponto de partida é fornecido por Ana Maria Machado, segundo a qual o conto de fadas seria a *história popular, de origem diferenciada em relação aos clássicos, que surgiu anonimamente no seio do povo e foi sendo recontada durante séculos*.[6] A essa definição acrescentaremos que o conto de fadas é *também a história autoral, escrita ou narrada segundo o modelo aceito para o conto de fadas e evocando a mesma atmosfera de sonho, ideal e sobrenaturalidade*. Por fim, não podemos deixar de contemplar os aspectos sociopsicológicos do gênero, reconhecendo a *ligação de alguns de seus elementos-chave com os símbolos e arquétipos da memória coletiva*.

É a partir da adoção dessa visão mais ampla e de uma perspectiva multidisciplinar que se torna possível analisar e compreender o conto de fadas não apenas como um fenômeno histórico e literário, mas também como *parte do patrimônio cultural de toda a humanidade*: um verdadeiro tesouro legado por nossos avós, cujo significado está profundamente enraizado em nossas vidas e que, por nosso intermédio, irá se manter e perpetuar ao longo das gerações futuras.

---

[6] MACHADO, Ana Maria. *Como e por que ler os clássicos universais desde cedo*, p. 69.

A gênese dos contos de fadas

Os primeiros narradores

Quando falamos a respeito dos contos de fadas, uma das imagens que nos vem mais frequentemente à mente é a da mulher idosa, geralmente uma avó ou babá, entretendo e maravilhando um grupo de crianças junto à lareira. Ilustrações desse tipo são uma constante quando se trata de representar narradores, seja nas capas ou páginas de rosto dos livros de contos – como a primeira publicação da *Mamãe Gansa*, de Perrault, em 1697 – ou até mesmo em quadros de pintores modernos. E, apesar das inúmeras variantes que a cena pode admitir, provavelmente foi assim, com uma anciã, uma família atenta e um fogo acolhedor, que surgiram as primeiras histórias da tradição oral.

Presente em todas as civilizações de todos os tempos, a arte da narrativa é uma das mais antigas práticas do homem. Desde o surgimento da linguagem, essencial para a cooperação e a sobrevivência dos primeiros grupos de caçadores e coletores, é provável que já houvesse algum tipo de relato, uma troca de informações ao menos, possivelmente fazendo uso não só da palavra como de outros sons, gestos e mímica. Mais tarde, a linguagem se tornaria cada vez mais elaborada na medida em que o pensamento humano fosse crescendo em complexidade. As culturas se desenvolveram e vieram os primeiros questionamentos, a tentativa de explicar certos fenômenos e a necessidade de estabelecer regras para a relação entre o homem, a sociedade e o mundo ao seu redor. Foi dessa forma que surgiram as primeiras cosmogonias, destinadas a explicar a criação do Universo, e os primeiros mitos e lendas. Foi dessa forma que passou a haver rituais, como os de casamento e de puberdade. E foi também dessa forma que, a partir dos cânticos, poemas e outras formas de expressão referentes ao pensamento mágico, surgiu aquilo que um dia passaria a ser chamado de Literatura.

Apesar do significado contido em manifestações artísticas, tais como a pintura rupestre, estas não podem ser consideradas um registro literário. Por isso, antes do surgimento da escrita, a única forma de registro era a memorização e a única forma de transmissão era a oral. Poemas extremamente elaborados e extensos foram preservados durante séculos antes de terem uma versão escrita, enquanto os mitos e histórias populares foram sendo recontados ao longo de muitas gerações. Em muitas culturas, havia pessoas especialmente treinadas para passar adiante não apenas essas histórias, mas também ensinamentos, cantos sagrados, genealogias de reis e heróis, enfim, tudo que fizesse parte da memória de seu povo. Esses narradores ainda existem em algumas civilizações tradicionais e gozam quase sempre de grande *status* e, embora alguns sejam (ou pelo menos comecem) jovens, é muito comum que a função seja assumida por idosos, quer pela experiência, quer pela posição que lhes cabe na comunidade.

Esses anciãos podem ser de ambos os sexos, sendo os narradores homens frequentes (e até obrigatórios) em algumas culturas e situações. No entanto, a imagem da avó narradora a que nos referimos no início, a existência de uma "Mamãe" e não de um "Papai Ganso", deriva de uma tradição milenar, segundo a qual, por força de sua permanência junto à moradia e aos filhos e netos pequenos, as mulheres se teriam tornado guardiãs da memória familiar e mesmo tribal, perpetuando-se em gerações de mães, avós e bisavós contadoras de histórias. De acordo com o local e a época em que viveram, essas mulheres foram encaradas como sábias, como bruxas ou como simples alcoviteiras. De qualquer forma, eram as detentoras do saber e da tradição populares e continuariam a transmiti-lo, ainda que contra os auspícios da cultura "oficial" letrada.

Jacob e Wilhelm, os Irmãos Grimm

Os Contos de Fadas

O primeiro registro (por sinal depreciativo) do tipo de história contado por elas vem do *Górgias* de Platão. Trata-se de uma referência ao *mythos graós*, o "conto das velhas", usado pelas amas para divertir ou assustar crianças. Já em *O asno de ouro*, de Apuleio, a história de Eros e Psiquê é narrada por uma velha. As velhas narradoras são frequentes também nos contos orientais e na literatura europeia da Idade Média, cujo universo aparece claramente refletido nos contos de fadas tradicionais. Por fim, as primeiras recolhas do gênero, no final do século XVII, foram feitas por mulheres e foram mulheres que forneceram a maior parte das versões registradas pelos Irmãos Grimm. Com isso não estamos afirmando, em absoluto, que os contos de fadas foram *criados* pelas mulheres ou que eram narrados somente por estas, mas os relatos existentes desde a Antiguidade levam a crer que eram as mulheres, em seus serões familiares, na intimidade da sala de fiar ou no trabalho dos campos, que se encarregavam de contar e acrescentar seu ponto às histórias populares.

E como essas histórias – surgidas, embora não se conheçam as primeiras versões, em *algum lugar* – chegaram a se disseminar, algumas vezes, além do continente de origem?

Existem duas teorias opostas para essa propagação. A primeira, a do *difusionismo*, sustenta que as histórias são transmitidas por meio das fronteiras, do contato entre povos com diferentes tradições, que então se apropriariam da cultura uns dos outros. A outra, a dos *arquétipos* – um arquétipo sendo uma ideia-base, universal e representativa do imaginário humano[7] –, afirma que "a estrutura da imaginação e as experiências comuns da sociedade humana inspiram soluções narrativas que se assemelham umas às outras, mesmo quando não teria sido possível haver

---

[7] CAMPBELL, Joseph. *O poder do mito*, p. 55.

nenhum contato ou troca". Atualmente, no entanto, ambas as hipóteses têm sido relativizadas, e os teóricos preferem usar metáforas científicas como modelos de disseminação dos contos de fadas. É o caso da *teoria da onda*, segundo a qual várias pedras atiradas num lago formam círculos concêntricos que acabarão por se tocar.[8] A mesma coisa ocorreria com histórias surgidas em vários lugares e momentos, as quais, então, passariam a compartilhar de uma identidade comum.

Seja qual for a causa ou a forma de sua disseminação, o fato é que ela ocorreu e esses contos, surgidos da tradição popular há tantos séculos, continuam presentes em nosso imaginário, com elementos básicos que não variam, apesar das características específicas de cada versão. Sob essa perspectiva, podemos pensar no simbolismo do conto de fadas como algo universal, ainda que, na sua acepção mais estrita, esse gênero possa ser considerado como proveniente de três fontes básicas: a oriental, a clássica e a céltico-bretã.[9] Assim, antes de estudar o conto de fadas no contexto em que ele passa a assumir a forma atual – a Europa da Idade Média – é indispensável recuar um pouco no tempo a fim de conhecer seus antecedentes.

As fontes primordiais

O Oriente

A *Gesta de Gilgamesh* é possivelmente a mais antiga obra literária que se pode reconstituir com base na Arqueologia. No entanto, a narrativa *Os dois irmãos*, encontrada num manuscrito

---

[8] WARNER, Marina, op. cit., p. 20-21.
[9] COELHO, Nelly Novaes. *O conto de fadas*: símbolos, mitos, arquétipos, p. 30.

Os Contos de Fadas

egípcio datado de há cerca de 3.200 anos, é considerado o primeiro conto maravilhoso de que se tem notícia, tendo sido apontado como texto-fonte do episódio bíblico "José e a mulher de Putifar". Outros elementos fantásticos do conto são encontrados em narrativas tradicionais de todo o mundo, atravessando séculos até chegar à literatura popular brasileira e a compilações como as de Sílvio Romero e Câmara Cascudo.

Muito antes que isso acontecesse, porém, o texto egípcio emprestaria um pouco de sua matéria-prima a poetas e narradores indianos, que, a par de seus livros sagrados e de epopeias míticas como o *Mahabharata* e o *Ramayana*, comparáveis pela função às obras de Homero, produziram coleções de contos maravilhosos, alguns semelhantes a fábulas, outros humorísticos, muitos deles moralizantes ou exemplares, como

Gilgamesh e o Leão
(arte mesopotâmica em baixo relevo)

viriam a ser algumas versões tardias dos contos de fadas. A mais conhecida é o *Panchatantra*, que teria circulado por volta do século VI antes de nossa era. Outras obras importantes são o *Vischnu Sarna* e o *Sendebar*, todas com versões originais em sânscrito. Esses textos – na verdade, registros de material que já existia anteriormente – eram usados pelos budistas na propagação de sua fé e conheceram uma difusão tão rápida que podem ter chegado à Grécia e fornecido elementos a algumas das fábulas de Esopo. Da Índia, os contos chegaram rapidamente à Pérsia e a outros países que, séculos mais tarde, se constituiriam numa unidade: o Islã, responsável pela difusão não apenas de algumas técnicas e progressos científicos desenvolvidos a partir do legado grego e bizantino, mas também de toda uma tradição cultural e literária em cujo cerne se encontravam as narrativas indianas.

Desde tempos muito anteriores ao Islã, os povos que conhecemos genericamente como árabes possuíam uma vasta literatura oral. A língua árabe só foi registrada sob forma escrita a partir do século VI da presente era. A eloquência era muito valorizada e os narradores, poetas e cronistas gozavam de grande *status* perante a sociedade.

No início, é de se supor que a literatura refletisse o universo dos povos árabes pré-islâmicos, quase todos nômades. Quando o meio de vida, em algumas regiões, se tornou mais sedentário, a poesia passou a ser mais nostálgica admitindo a influência de povos com os quais os árabes travaram contato, notadamente os persas, os gregos e os indianos.

No século VIII, por ordem de Al Mansur, califa abássida, Al-Mukafa traduziu para o árabe uma versão persa de *Calila e Dimna*, coletânea indiana de trechos de três livros: o *Mahabharata*, o *Vischnu Sarna* e o *Panchatantra*. O livro apresenta várias histórias encadeadas, bem ao gosto dos narradores e ouvintes árabes. Tanto assim que a estrutura se repete em *Sendebar*, atribuído ao filósofo hindu Sendabad, que consta de 26 narrativas moralizantes (e nada favoráveis às mulheres). Para Nelly Coelho, essa obra, como o egípcio *Os dois irmãos*, é precursora dos contos de fadas, uma vez que seu conflito básico não é de natureza material e sim existencial.[10] Entretanto, a maior parte das histórias que se originam do *Sendebar* estaria na categoria do conto maravilhoso: *Aladim e o Gênio, Ali Babá, Simbad, o Marujo*. Todas elas viriam a se tornar conhecidas como parte da mais fabulosa coletânea de narrativas orientais de todos os tempos: *Alf Layla Wa Layla*, ou seja, *As mil e uma noites*.

De origem persa, hindu, grega, egípcia e arábica, os contos narrados por Sherazade ao rei Shariar se situam num ambiente semelhante ao das cidades islâmicas e os valores e pontos de vista dos personagens são os dos muçulmanos, refletindo a vida social e cultural de cidades como Damasco e Bagdá entre o século IX e XV. O longo período se explica pelo fato de o livro *As mil e uma noites* ter passado por inúmeras versões e traduções antes de ser completado, no final do século XV ou início do XVI. O mundo ocidental só viria a conhecê-lo a partir da tradução francesa de Antoine Galland, feita em 1704, quando Perrault e outros autores faziam sucesso com seus contos de fadas. Tratava-se, assim, de um momento de grande receptividade para o gênero, ainda mais porque as histórias de *As mil e uma noites* não eram moralizantes, lembrando antes os *fabliaux* franceses,[11] com personagens engenhosos e situações cheias de malícia.

Os seres fantásticos que aparecem nos contos orientais são diferentes das fadas que conhecemos, mais vinculados à fonte clássica e principalmente à céltico-bretã. Na Índia, havia todo um elenco desses personagens, entre deuses, devas, gênios, gandharvas, apsaras e asuras. Já nos países do Oriente Médio, os seres mágicos mais comuns eram os gênios bons (djinns) e maus (efrits), além de feiticeiras humanas, que sobrevivem em contos populares como *A moura torta*. Note-se a semelhança

---

[10] COELHO, Nelly, op. cit., p. 33
[11] Idem.

de funções entre gênios como o da lâmpada de Aladim e as fadas-madrinhas, ainda que, bem de acordo com a teoria dos contos maravilhosos, os gênios sejam mais pródigos em recompensas materiais. Isso é reforçado ainda pela presença, no folclore ibérico, de fadas e princesas mouras, muitas vezes sedutoras, que seriam as guardiãs de tesouros em grutas. A tradição chegaria ao Brasil, como se comprova na história da *Salamanca do Jarau*, do gaúcho Simões Lopes Neto.

A longa permanência dos muçulmanos no Ocidente, na Idade Média, e o intenso intercâmbio cultural que então se verificava tanto na Europa quanto em partes da Ásia e da África, fez com que se mesclassem as narrativas orientais e ocidentais, formando-se assim um substrato multicultural a partir do qual floresceu a literatura daquela época, povoada de fadas e encantamentos. No entanto, o imaginário medieval não foi influenciado apenas pelo Oriente, havendo que se considerar os elementos próprios do lugar – autóctones – e a herança que toda a Europa Ocidental recebera do período clássico, ou seja, da cultura greco-latina, disseminada tanto em seus primeiros séculos quanto no período correspondente às invasões bárbaras e ao início da civilização cristã.

O mundo clássico

Tal como aconteceu no Oriente, a Grécia, berço da civilização clássica, também conheceu um longo período em que a literatura era transmitida apenas oralmente. Até o surgimento do alfabeto, por volta do século VIII a.C., as composições, basicamente poéticas – hinos sacros e militares, canções festivas, cantigas infantis e de acalanto, epitáfios, elegias – eram passadas adiante sob a forma cantada, com acompanhamento musical. Elas não eram registradas por escrito, mas sim na

Os Contos de Fadas 25

memória dos autores e narradores – bardos, aedos, rapsodos –, por meio de uma técnica de memorização complexa conhecida como *mimese* (o termo evoca o substantivo *mimos*, usado para um tipo de encenação teatral, de onde vieram as palavras *mímica* e *pantomima*). Entre os séculos VIII e V a.C., a oralidade e a escrita coexistiram como formas diferentes de tradição, sendo a primeira considerada essencial para a preservação dos poemas.

Busto de Homero, o pai da poesia épica

A transcrição alfabética da *A ilíada* e de *A odisseia*, que ocorreu por volta do século VI a.C., é considerada como marco na história da literatura, não apenas a grega, mas a mundial. Por meio dessas obras, todo um riquíssimo universo mítico passou a ter um registro e uma forma fixos, que viriam a servir de base a obras de outros poetas e filósofos (a começar por *Os trabalhos e os dias*, de Hesíodo, no qual este já comenta e critica Homero) e fornecer matéria-prima aos romances de cavalaria medievais e, ainda, a escritores e artistas de períodos bem posteriores, como o do Renascimento e o Romantismo do século XIX. Note-se que, exatamente como acontece com *As mil e uma noites*, os poemas de Homero, que tratam de um fato arqueologicamente datado do século XIII a.C. (época da destruição de Troia), fazem referência a aspectos presentes quatro séculos depois, na época em que viveu o poeta, fornecendo dados não apenas para o estudo dos mitos e da literatura, mas da própria sociedade e mentalidade da Grécia daquele período.

A ilíada, *A odisseia* e *A teogonia*, de Hesíodo, são consideradas as mais importantes obras da Grécia antiga a exercer influência sobre a literatura fantástica. A elas se somariam, surgidas em Roma, *A eneida*, de Virgílio (ca. 19 a.C.), *As metamorfoses*, de Ovídio (início do século I da presente era), e, por fim, *O asno de ouro*, de Lúcio Apuleio (século II), que faz menções a mitos orientais, além dos greco-romanos, como o de *Eros e Psiquê*, cujo tema – recorrente em contos maravilhosos do mundo todo – se constitui no motivo principal de *A bela e a fera*. Também fundamentais como precursoras foram as fábulas atribuídas a Esopo, que teria vivido por volta do século VI a.C. (contemporâneo do *Panchatantra*) e cujas narrativas, protagonizadas por animais, encerravam sempre um ensinamento imbuído da moral vigente na época.

Os Contos de Fadas

Do mesmo universo de onde surgiram os heróis, deuses, semideuses, feiticeiras e sibilas emergiram as fadas – ou melhor, um tipo de fada, cuja descrição se assemelhava em parte à das *ninfas*, e que, portanto, estaria ligada às forças da natureza. Os primeiros registros a seu respeito são atribuídos ao geógrafo grego Pomponius Mela (século I), que afirmou existirem na Ilha do Sena "nove virgens dotadas de poder sobrenatural, meio *ondinas* e meio profetisas, que com suas invocações e cantos imperavam sobre o vento e o Oceano Atlântico".[12] Além disso, havia as *dríades*, ligadas às árvores, e divindades associadas a rios, lagos e fontes, uma constante não apenas na Grécia e em Roma, mas em outras civilizações europeias (como a Dama do Lago, de origem celta) e mesmo entre povos mais distantes e antigos, como a Mesopotâmia.

Marina Warner lembra ainda que a etimologia do termo "fada" remonta à palavra feminina *fata*, variante de *fatum* (fado), que se relaciona a uma deusa do Destino. O termo significa, literalmente, "aquilo que é falado"[13] e relaciona a figura das fadas à das Parcas, fiandeiras do destino (que também existem, com o nome de Nornes, entre os escandinavos), e à das sibilas, que predizem o futuro e fornecem conselhos e proteção ao herói ou heroína do conto. No entanto, segundo a tradição, um sacrifício pode ser exigido e, além disso, às vezes as fadas assumem seu lado mais obscuro, lançando encantamentos que causam a confusão ou mesmo malefícios. Mesmo as fadas mais bondosas podem agir como bruxas quando contrariadas, ou quando, conscientemente ou não, o herói falta à palavra dada ou se deixa dominar por sua própria fraqueza: só os puros de coração merecem os seus favores.

---

[12] MANTOVANI, E. citado por COELHO, Nelly, op. cit., p. 174.
[13] WARNER, Marina, op. cit., p. 40.

Presente em obras como *A odisseia* (basta lembrar de Circe) e nas narrativas vindas do Oriente, essa é a concepção que aparece como base dos contos de fadas tradicionais. No entanto, ela se tornaria bem mais evidente com a introdução de elementos pertencentes a uma terceira fonte primordial: a céltico-bretã, matéria-prima fundamental dos lais, canções e romances medievais, a partir dos quais o conto de fadas viria a emergir como gênero narrativo.

As fontes céltico-bretãs

Com a invasão da Gália e das Ilhas Britânicas pelos romanos, estes entraram em contato com uma civilização politicamente descentralizada, mas culturalmente avançada, cujos mitos e crenças influenciaram todos os povos com os quais tiveram contato: os celtas.

Transmitida por narradores ligados à tradição sacerdotal dos druidas – a designação genérica mais aceita é o de "bardos", mas esses narradores podiam ser chamados de *filidh*, *ollav* e vários outros termos, conforme o local –, a literatura oral celta estava impregnada de elementos sobrenaturais, refletindo um sistema de crenças que admitia a existência de uma alma em todos os seres, a transmigração de espíritos para diferentes corpos e as transformações do corpo físico. Os temas podiam ser de natureza metafísica, como *Os cantos de Taliesin*, ou, frequentemente, poemas amorosos, ou ainda odes de exaltação a reis e heróis. Muitas vezes, é difícil dissociar as narrativas "genuinamente" celtas dos elementos incorporados a partir do mundo romano e principalmente do primitivo cristianismo, pois é desse período que derivam as principais fontes escritas. Embora alguns autores apontem para evidências de que existem textos anteriores ao século VI, os manuscritos mais antigos que se conhecem são de origem latina – como *A guerra das Gálias*, de Júlio César – e cristã, copiados por religiosos ligados a mosteiros quase sempre irlandeses. Entretanto, o que se pode depreender nas entrelinhas aponta para a existência de uma riquíssima literatura tradicional, anterior à conquista romana, cujos ecos podem ser encontrados em livros como o *Mabinogion* – compilação de quatro obras datadas aproximadamente do século XI, baseadas na tradição galesa – e na qual as fadas, os magos e os heróis protagonizam aventuras extraordinárias.

Deixando de lado a questão da sua fixação, sob forma escrita, já na Era Cristã (os monges "aumentaram seu ponto", como todos os narradores), são três, segundo Sainero, os ciclos principais da poesia épica celta. O primeiro é o *Ciclo de Ulster*, ou *Matéria da Irlanda*, que foi registrado no século XII, mas remeteria a manuscritos dos séculos VI e VII que, por sua vez, teriam sido produzidos com base em narrativas orais. Esse ciclo é a grande epopeia da raça gaélica e teria servido de base aos movimentos culturais e políticos da Irlanda do século XIX, inspirando poetas nacionalistas, como W. B. Yeats. O segundo ciclo é o das *Baladas de Ossian* e trata de questões ligadas aos séculos III e IV, mostrando claramente o antagonismo entre o mundo celta e o cristão por meio de diálogos entre o poeta Ossian, filho do herói Finn, e São Patrício, evangelizador da Irlanda. O último ciclo, e o mais específico, é conhecido como *Matéria da Bretanha* e narra os acontecimentos da corte do Rei Artur. Alguns dos fatos nele descritos foram corroborados por historiadores medievais, como Nennius (século VIII-IX) e Geoffrey de Monmouth (século XII), embora estes também adicionem a suas obras elementos claramente ficcionais.

Em que pese a substituição, pela doutrina cristã, dos deuses e crenças da civilização celta, a literatura medieval incorporou boa parte dos elementos presentes em sua tradição, tanto os sobrenaturais – como a crença no mundo das fadas – quanto os ideais, que seriam transmitidos aos heróis (e heroínas) das novelas de cavalaria. Antes de passar a estes, contudo, vale lembrar que a Europa medieval era um verdadeiro cadinho de culturas, principalmente nas grandes cidades, muitas das quais, antes do século X, já recebiam influência do Oriente ou ainda tinham sido fundadas, colonizadas ou conquistadas por povos como os saxões, os escandinavos e os normandos. Assim, não apenas podemos encontrar paralelos, na literatura, com textos pertencentes a essas civilizações, tais como o *Beowulf* anglo-saxão (século VII) e algumas sagas nórdicas, como também ver refletidos, nos manuscritos medievais e posteriormente nos contos de fadas, aspectos que nos remetem a uma sociedade multifacetada, produto de várias culturas, cuja interpretação histórica e simbólica deve ser feita com o máximo de cautela.

3
O conto de fadas e o universo medieval

Considerações gerais

O que se convencionou chamar de Idade Média durou cerca de mil anos, desde a Queda do Império Romano (século V) até o início da Idade Moderna (século XV). Ao longo desse período, houve épocas de guerra e de paz, de fome e de fartura, de devastação pelas invasões e doenças e de desenvolvimento das ciências e das artes. As condições variaram muito segundo o local e a época, mas, de um modo geral, toda a Europa Ocidental esteve em contato e recebeu influência do Islã (notadamente na Península Ibérica e em parte da França), envolveu-se de uma forma ou de outra com as Cruzadas, erigiu castelos e viveu segundo uma sociedade dividida entre senhores e camponeses, que só viria a sofrer modificações a partir do crescimento das cidades. A Igreja estava presente em todos os aspectos da vida pública e privada, sendo ainda responsável pela preservação e transmissão da cultura erudita, enquanto, por outro lado, as tradições e narrativas populares continuavam a se disseminar de maneira mais informal.

O imaginário medieval incorporou todas essas influências, produzindo uma literatura em que o fantástico e o maravilhoso se mesclavam aos ideais e à visão de mundo propagados pelo cristianismo. Ao mesmo tempo, as narrativas que tiveram registro naquele período refletiam, como é natural, a sociedade e o modo de vida da época, ou seja, do mundo feudal, regime vigente nos países em que floresceram as formas literárias relacionadas ao conto de fadas. Isso porque, embora a Idade Média nos tenha legado obras de todos os tipos – tratados de filosofia, religião e ciências, livros sobre caça e montaria, obras jurídicas, manuais e livros didáticos, entre outros – algumas histórias se desenvolveram segundo os mesmos moldes dos contos de fadas tradicionais, nos quais se podem reconhecer motivos, símbolos e imagens que remontam ao universo medieval.

Muitos desses motivos, é certo, são comuns a narrativas de várias culturas, estando ligados a mitos e arquétipos primordiais. Todos os povos têm histórias que tratam, por exemplo, de tarefas impostas a um herói, da rivalidade entre irmãos e de crianças enjeitadas ou abandonadas, como em *João e Maria* e *O pequeno Polegar* – prática que Darnton diz ter sido comum entre os camponeses nos períodos de crise, mesmo nos séculos XVII e XVIII. O autor afirma ainda que os sermões de pregadores medievais, registrados entre os séculos XII e XV, "referem-se às mesmas histórias que foram recolhidas, nas cabanas dos camponeses, pelos folcloristas do século XIX",[14] o que revela uma continuidade não apenas de espaço (o motivo comum em narrativas de diversas origens) como também de tempo (a mesma história é recontada ao longo de vários séculos).

Dessa forma, pode-se concluir que, embora os Irmãos Grimm tenham ouvido histórias de mulheres que viviam na segunda

---

[14] DARNTON. Robert. *Histórias que os camponeses contam*. O significado de Mamãe Ganso, p. 48-49.

metade do século XVIII, o modo de vida refletido nessas narrativas pertencia a épocas anteriores, com florestas sombrias e impenetráveis, donzelas confinadas em salas e torres, heróis que agiam segundo o modelo do cavaleiro cristão e a crença num mundo sobrenatural ainda não refutado pelo racionalismo. Em outras palavras: os contos populares vinham sendo narrados segundo a mesma tradição oral, ao longo de muitos séculos, desde a Idade Média. E, como a própria literatura que se registrou no período passava por *performances* orais, existindo como narrativa antes e após o registro em versões escritas, pode-se ter quase a certeza de que não foram os contos de fadas que surgiram a partir dos romances e canções medievais, mas, ao contrário, foram estes que se basearam na matéria-prima pertencente ao imaginário popular.

A literatura medieval: das sagas ao século XIII

Antes de entrar neste tópico, enfatizamos o fato de que aqui iremos nos referir aos *registros literários* da Idade Média, àquelas obras que certamente circularam em várias versões antes de chegar à considerada "definitiva" e que, mesmo depois disso, certamente eram reproduzidas com variantes por vários narradores. De acordo com os objetivos deste trabalho, iremos passar ao largo da literatura de cunho prático, filosófico ou religioso, apesar da sua importância histórica e literária. O que nos interessa abordar – e mesmo assim o faremos rapidamente – são as narrativas, em prosa ou verso, que evocam o mítico e o maravilhoso, ou seja, que compartilham as raízes ancestrais dos contos populares.

Sagas e canções de gesta

Ao contrário de outros povos germânicos, os escandinavos só entraram em contato com o cristianismo a partir da chamada *era viking* (século IX-XI). Assim, embora os primeiros registros de suas narrativas e poemas se devam aos monges cristãos da Islândia – como o compilador do *Edda* em prosa, Snorri Sturluson (1178-1241) –, seu conteúdo está mais próximo das fontes tradicionais do que os encontrados em manuscritos referentes ao universo mítico céltico-bretão. Por outro lado, povos como os anglos, os saxões e os francos já contavam séculos de interpenetração com o Império Romano, sendo possível encontrar elementos cristãos em obras tão antigas quanto o *Beowulf*.

A literatura medieval do período pós-carolíngio (século IX-X) se caracteriza por narrativas (em verso ou em prosa) de exaltação aos reis e guerreiros,[15] que, embora inseridas no universo cristão, seguiam o estilo daquelas que eram compostas pelos bardos escandinavos, ou *skalds*, comumente designadas pelo termo "sagas". Essas narrativas podem ter sido a matriz dos primeiros romances de cavalaria, também chamados de *canções de gesta*, que surgiram na França do século XI e cujo grande personagem é o imperador dos francos, Carlos Magno. Datando de um primeiro período, a obra mais famosa trata de um famoso cavaleiro: é *A canção de Rolando*, que conheceu várias versões orais e escritas durante a Idade Média.

Outros exemplos de romances do tipo canções de gesta são o *Nibelungenlied* germânico (que narra fatos relativos ao século V, mas cuja versão "oficial" data de cerca de 1203) e o espanhol *El cantar de mio Cid*, cuja primeira versão, de 1140,

---
[15] SPINA, Segismundo. *A cultura literária medieval*, p. 70.

foi tardiamente refundida em princípios do século XIV. Nenhum desses, porém, alcançou a popularidade de Carlos Magno e dos seus "Doze Pares de França". No Renascimento, a narrativa seria retomada pelo italiano Ariosto (para quem Rolando se tornaria Orlando), tendo sido depois transmitida ao longo de séculos e para o além-mar. São comuns, no Brasil, as obras de cordel com essa temática.

Romances corteses

Apesar do seu cunho predominantemente épico e heroico, as canções de gesta já estavam influenciadas pela ideia do amor romântico, motivo central do lirismo trovadoresco, sob cuja égide, além de poemas e canções, floresceriam também os romances corteses: um tipo de romance de cavalaria cuja temática é ainda mais próxima da que encontramos nos contos de fadas.

Embora o lirismo trovadoresco tenha, em princípio, se originado no sul da França – mais especificamente, na Provença –, não se podem descartar as influências que recebeu de outras culturas, como a moçárabe (que surgiu na Península Ibérica a partir do século X e influiu fortemente sobre o trovadorismo galaico-português) e a goliardesca (de *goliardos*, clérigos vagantes que compunham em latim canções sobre o amor, o vinho e as tavernas, tais como as famosas *Carmina Burana*). A cultura trovadoresca incorporou ainda elementos da poesia clássica, notadamente de Ovídio, o que conferiu um leve tom erótico aos poemas e narrativas.[16]

O foco central das canções de gesta – a luta – se deslocou então para o amor, muitas vezes do tipo ideal e não raro impossível. O mundo feérico, herdado principalmente da fonte

---

[16] Idem.

céltico-bretã, se tornou mais evidente, com a presença de uma natureza misteriosa e ameaçadora, filtros mágicos, anéis e talismãs poderosos, donzelas prisioneiras, bruxas e fadas como Morgana e Melusina, além de magos, ogros, anões e animais fantásticos.

Os romances mais conhecidos, nesse período, são os seguintes:

a) *Romances clássicos*: *Roman de Thèbes*, *Roman de Enéas*, *Roman de Troyes*. Os temas são retirados da Antiguidade e o autor mais representativo é Chrétien de Troyes.
b) *Romances céltico-bretões*: tendo como tema o universo arturiano, compreendem mais de uma centena de romances. *Érec et Enide*, *Le chevalier à la charrette*, *Percival*, *O romance do Graal*. Troyes é ainda a figura de maior projeção, principalmente no primeiro período.

Note-se que, no período correspondente ao surgimento do ascetismo cisterciense (século XII), o amor se desloca da mulher para Deus, o que se pode perceber em romances como *Percival* e *A busca do Graal*. O pessimismo em relação ao mundo e à existência terrena fazem com que o herói/cavaleiro parta em busca de um sentido maior para a vida, abdicando de recompensas materiais e mesmo amorosas. Outro fato importante relativo a esse período é que ele corresponde às primeiras prosificações da narrativa, que até então eram registradas em verso.

Um tipo secundário de romance cortês é o romance de aventura, sendo os mais conhecidos *Florius e Brancaflor* e *Aucassin e Nicolette*, já do início do século XIII.[17] Esses romances foram identificados por Nelly Novaes Coelho com um ciclo que se ligaria à história bizantina e que admitiriam, além dos temas já conhecidos do romance cortês, tramas envolvendo raptos,

---
[17] Idem.

naufrágios, escravização de pessoas nobres e as relações entre muçulmanos e cristãos.[18]

Lais

Embora os romances de cavalaria tenham persistido além do século XII, não podemos passar adiante sem falar a respeito dos *lais*, um gênero narrativo poético que não apenas se inspira, mas tem sua base diretamente assentada sobre os contos populares de transmissão oral.

Os lais surgiram na Bretanha do século XII, tendo sido, a princípio, composições anônimas, divulgadas por trovadores e jograis. Mais tarde, contudo, algumas dessas narrativas foram registradas por letrados, sobressaindo-se, entre estes, uma mulher: Maria de França, cuja identidade se constitui num mistério, mas que pertence a um pequeno e seleto grupo de mulheres cultas, ligadas à nobreza e ao clero, as quais tiveram suas vozes ouvidas no mundo medieval.

Segundo Marina Colasanti, Maria "preferiu trabalhar sobre histórias já existentes, peças do folclore oral devidamente testadas pelo tempo. (...) Mas o amor nos lais de Maria de França não é o mesmo amor dos poemas trovadorescos. É um amor de conto de fadas",[19] constituído não pela existência de elementos fantásticos, nem pela naturalidade com a qual os personagens os aceitam, mas pelo simbolismo contido em imagens que evocam um inconsciente mítico. Ao mesmo tempo, os lais refletem situações do cotidiano medieval, bem como a moral da época, impregnada do espírito clássico do qual Maria demonstra ser grande conhecedora.

---

[18] COELHO, Nelly Novaes, op. cit., p. 45-46.
[19] COLASANTI, Marina. Prefácio. In: *Lais de Maria de França*, p. 14.

Depois de Maria de França, outros autores prosseguiram com o gênero, alguns deles evocando temas arturianos (no caso de Maria, o Rei Artur aparece apenas num dos lais, intitulado *Lanval*), outros com motivos tradicionais, como a visita ao mundo dos deuses ou das fadas. Por sua vez, são atribuídas a Maria de França duas obras além dos lais: o *Purgatório de São Patrício* e a tradução de uma versão inglesa das fábulas de Esopo, as quais, paralelamente aos contos maravilhosos, recomeçaram a circular na Europa sob a forma de versos.

Literatura de exemplo

Como sabemos, as fábulas contêm um fundo de moral, compartilhado por outros gêneros literários, tais como os chamados "livros exemplares". Em contrapartida, as sátiras, canções jocosas e narrativas curtas conhecidas como *fabliaux*, adotam outro recurso para apresentar (ou criticar) essa mesma moral, que, entretanto, não deixa de estar presente, nem mesmo no conto mais divertido.

As raízes históricas do gênero podem datar de épocas antiquíssimas. Na seção dedicada aos contos exemplares de seu *Contos tradicionais do Brasil*, Câmara Cascudo reúne 16 histórias, cujas origens, muitas vezes, remontam ao *Panchatantra*.[20] É nessa seção que ele inclui *O Pequeno Polegar* e *Joãozinho e Maria*.

Datando da Idade Média, a literatura de exemplo comporta principalmente os seguintes tipos de narrativa:

a) *Livros exemplares*. Coleções de histórias morais com episódios que remontam a fontes antigas, como *Calila e Dimna*. Nelly

---
[20] CASCUDO, Luís da Câmara, op. cit., p. 141-194.

Os Contos de Fadas

Novaes Coelho cita, entre os mais importantes, *Disciplina clericalis*, de Pedro Alfonso (século XII), *O livro das maravilhas*, de Ramón Llull (século XIII), e *O livro de Patrônio*, de D. Juan Manuel (1335), que teria várias narrativas assimiladas pela literatura popular ibérica.

A cigarra e a formiga, fábula de La Fontaine ilustrada por Doré

2. *Fábulas.* Tanto as gregas, de Esopo, quanto as latinas, de Fedro, circularam na Idade Média, em versos, vertidas para a língua vulgar. As fábulas foram retomadas por La Fontaine no século XVII, daí alcançando grande difusão.
3. *Fabliaux.* Refere-se a uma narrativa curta, contendo uma lição moral geralmente expressa no início ou no fim do texto, mas quase sempre assumindo uma forma divertida (e frequentemente picante). Os autores e narradores mais conhecidos são Jean Bodel e Rutebeuf.
4. *Sátiras.* Gênero narrativo que, segundo Spina, contrapõe ao idealismo cristão – cavaleiresco, mas antes de tudo nobre e feudal – uma visão de mundo pautada pela observação crítica e pelo pragmatismo, a qual é identificada pelo autor como pertencente à emergente burguesia das cidades da Europa.[21] Embora seja protagonizada por animais e, talvez por isso, identificada por Nelly Novaes Coelho como uma coleção de fábulas,[22] o conhecido *Roman de Renart* está mais para o gênero satírico, valorizando a astúcia e a malícia acima de qualidades tidas como "nobres".

A literatura medieval: do século XIII ao início do renascimento

A partir dos últimos anos do século XIII, a literatura cortês perdeu parte de sua força, impregnando-se de elementos didáticos e satíricos. Ao mesmo tempo, o latim recuava cada vez mais, dando lugar às literaturas em língua vulgar, tanto na prosa quanto na poesia. Spina destaca, como obra representativa do período, o *Roman de la Rose*, romance alegórico, de leitura condicionada

---

[21] SPINA, Segismundo, op. cit., p. 52-53.
[22] COELHO, Nelly Novaes, op. cit., p. 42.

Os Contos de Fadas

ao conhecimento da filosofia e dos códigos de moral e conduta que regiam o comportamento social. A França contribuiria, ainda, com inovações no campo do teatro, promovendo uma separação entre os dramas litúrgicos e as peças de caráter mais cotidiano; o grande nome do período é Adam de la Halle, morto em 1290.

No século XIV – é emblemático o fato de ter este passado à História como *os trecento* –, o primado da literatura, e da cultura de modo geral, passou da França à Itália, que conseguira manter seu comércio com o Oriente e, portanto, prosperar economicamente, mesmo durante os anos da Peste Negra (1348-1350) e da Guerra dos Cem Anos (1337-1453). São italianos três dos maiores escritores do período: Dante (1265-1321), Petrarca (1304-1374) e Boccaccio (1313-1375), sendo o último de certo interesse para fins do assunto de que tratamos neste texto.

Giovanni Boccaccio foi o autor do *Decameron* (ca. 1334--1350), coleção de cem histórias contadas durante a permanência, no campo, de um grupo de amigos. Algumas dessas histórias são exemplares, outras cômicas; algumas têm final feliz e outras acabam em tragédia, mas os elementos retirados da literatura medieval estão presentes ali, revestidos da roupagem mais sofisticada e, de certa forma, cosmopolita, correspondente à realidade dos *trecento*. Alguns anos depois, entre 1387 e 1400, surgiram na Inglaterra os *Contos de Canterbury*, de Geoffrey Chaucer, que seguem uma linha parecida, havendo claros paralelos entre pelo menos seis das histórias. Os dois livros têm sido, frequentemente, estudados em conjunto, dadas as similaridades de estilo e de tema, além do fato de que, durante o retiro ou a jornada (frequentes em contos maravilhosos e de fadas), há várias narradoras mulheres, sem as quais pode-se subentender que as narrativas perderiam algo da sua qualidade mágica.

No final do século XV e início do XVI, a cultura medieval – que já passara por grandes transformações socioculturais, como o crescimento das cidades, as primeiras controvérsias religiosas e a retomada dos valores clássicos, promovida pelo Humanismo –, foi rápida e inexoravelmente substituída por uma visão mais ampla do mundo e do próprio universo, inclusive no que diz respeito à Geografia, uma vez que os avanços científicos permitiram aos europeus descobrirem e conhecerem novas terras. As notícias de um Novo Mundo e a disseminação da tipografia, com o consequente aumento da circulação de livros, foram molas-mestras do movimento que conhecemos como Renascença, ou Renascimento, no qual a literatura conheceu um período de intensa produção criativa.

Os temas que relacionamos aos contos de fadas continuam a fazer parte do imaginário desse período, como em *A morte de Arthur*, de Thomas Malory, *Orlando furioso*, de Ariosto, e *Jerusalém libertada*, de Torquato Tasso, em que surge a fada Armida. Nelly Novaes Coelho cita ainda as novelas castelhanas *História do cavaleiro Cifar* e *O Cavaleiro do Cisne* como *best-seller* e traça um paralelo entre a Ilha de Avalon e a "Ilha dos Amores" que aparece em *Os lusíadas*, de Luís de Camões, entre outras obras.[23] Enfim, todo um universo fortemente enraizado nas narrativas de tradição oral, revestido com imagens pertencentes à Idade Média, sobreviveu ao longo da Renascença e dos tempos modernos, aparecendo tanto nas obras literárias – autorais, pode-se dizer, embora muitas vezes sejam assentadas sobre bases populares – quanto nos contos que, agora como nos primórdios, continuavam a ser transmitidos de geração a geração, nos longos serões familiares, nas reuniões daquelas mulheres conhecidas como "tagarelas" ou mesmo como "bruxas", cujas netas e bisnetas viriam a fornecer o material indispensável à obra de autores como Charles Perrault.

---

[23] Idem.

Da renascença ao século de Perrault

Considerações gerais

As fadas e encantamentos que povoavam as páginas da literatura medieval continuaram presentes na Renascença, surgindo em obras mundialmente difundidas como o já citado poema *Os lusíadas* e as peças *A tempestade* e *Sonho de uma noite de Verão*, de William Shakespeare. Na mesma época, surgiu a obra que os estudiosos do conto de fadas reconhecem como precursora do gênero: *Piacevoli notti*, de Giovan Francesco Straparola. Publicado pela primeira vez em Veneza, no ano 1550, o livro reúne contos de fadas, contos populares, como *O Gato de Botas*, e histórias de caráter cotidiano, cujo bom-humor lhe valeria críticas por parte de autores e estudiosos de moral mais rígida.[24]

Enquanto, na Itália, Straparola se valia das fadas para divertir seus leitores – com sucesso, já que o livro teve 16 edições em 20 anos – em outros países elas eram usadas em obras alegóricas, como os panfletos publicados por Melanchton e Lutero em 1523 (em que Roma era retratada como uma fera com cabeça de

---

[24] ZIPES, Jack. *The great fairy tale tradition*, p. 875.

asno) e *The Fairie Queene*, no qual Edmund Spenser recorreu a contos de fadas para criticar a Igreja Católica. Isso porque, além do movimento científico renascentista, que de certa forma tentou explicar e racionalizar as crenças do imaginário medieval, a Reforma também contribuiu para a associação da magia com o Demônio e as forças maléficas; e essa magia estaria presente não apenas em práticas concretas, mas em toda a tradição antiga, na qual estavam incluídas as histórias contadas pelas avós em torno do fogo e da roca.

Esse processo, na verdade, não começou no século XV ou no XVI, mas sim a partir do Humanismo, quando os letrados começaram a se apropriar e a transcrever, sob forma de romances, os contos que circulavam de forma oral no seio do povo. As duas formas de transmissão coexistiram por alguns séculos, mas, pouco a pouco, a cultura letrada "oficial" passou a se servir da escrita como instrumento de poder. Em outras palavras, "a obra de recuperação torna-se sistemática e permite o exercício triunfante das censuras: quase tudo o que sabemos da poesia medieval através de seus textos é o que os homens de letras julgam que devêssemos saber".[25]

Se, por um lado, a apropriação e "racionalização" da literatura tradicional permitiram que registros da época chegassem até nós, por outro a cultura transmitida de forma *não oficial* não tardou a ser vista com desconfiança e apontada como "maléfica" por sacerdotes e pregadores de todos os credos. Isso atingia particularmente as mulheres pobres e idosas – mais ainda se fossem solitárias – e sobretudo as que exerciam funções como a de parteira ou curandeira. Elas figuram frequentemente na literatura da época como "tagarelas" e "alcoviteiras" e quase sempre, o que é interessante, como narradoras de histórias,

---

[25] ZUMTHOR, Paul. *A Letra e a Voz*, p. 120-121

transmissoras de um saber popular que se opunha à cultura letrada dominante.

A partir do século XVI e até fins do XVII, a "caça às bruxas" recrudesceu em vários países da Europa, chegando às colônias do Novo Mundo. Apesar disso, as fadas e duendes continuavam presentes no imaginário europeu, não apenas o popular, mas também o dos intelectuais, muitos dos quais frequentavam as rodas da alta burguesia, da aristocracia e até da realeza. Era muito comum, nesse período, a crença na magia e principalmente na astrologia: todas as cortes tinham videntes e astrólogos e era comum que se trocassem ideias a respeito de ocultismo e do sobrenatural. O tema também estava presente na literatura da época, circulando em versões impressas às quais, em que pesem as referências ao conto popular, já se pode atribuir um certo caráter autoral.

Marina Warner aponta o *Pentamerone*, de Giambattista Basile, como a "pedra fundamental" do conto de fadas literário moderno. Publicada em 1634-36, a obra contém as primeiras versões escritas de histórias como *Cinderela* e *A bela adormecida*, num tom cômico e às vezes grosseiro que soa de forma estranha aos leitores dos contos herdados da tradição dos Grimm. Alguns anos depois, seria a vez de as fábulas clássicas ganharem um novo alento por meio de La Fontaine, cuja obra foi publicada em vários volumes, entre 1668 e 1694. Tratava-se de uma recriação, adaptada para a época, de narrativas atribuídas principalmente a Esopo e a Fedro, mas que já haviam sido traduzidas e recontadas durante o Renascimento. O grande mérito de La Fontaine, segundo Antoine Adam, teria sido tratar pela primeira vez como obra de arte o que até agora fora considerado um gênero menor, e, com seu prestígio junto à corte francesa, fazer com que as fábulas se difundissem por todo o mundo.[26]

---

[26] ADAM, Antoine. *Fables de La Fontaine*, p. 7-16.

O Lobo e a Avó, cena clássica de *Chapeuzinho Vermelho* ilustrada por Doré

Mas o grande divisor de águas na história dos contos de fadas foi, sem sombra de dúvida, Charles Perrault, cujos *Contos da Mamãe Gansa* são considerados o marco do surgimento da Literatura Infantil. As versões que hoje circulam entre nós de contos como *Chapeuzinho Vermelho*, *Pele de Asno* e *O Gato de Botas* partiram diretamente da obra de Perrault. No entanto, essas versões, em sua forma original, são bem diferentes das que se costumam narrar hoje às crianças e, por sua vez, a intenção do autor não era a de escrever (apenas) para o público infantil. É sobre esse assunto que nos deteremos com mais atenção.

Perrault, as *Preciosas* e a *Mamãe Gansa*

Contemporâneo de La Fontaine, Charles Perrault (1628-1703) se destacou nos círculos literários da corte de Luís XIV quando se achavam em voga os romances conhecidos como "preciosos". Nesses, as aventuras da novela medieval tinham sido "substituídas pelas aventuras sentimentais, patéticas, ou pelo heroísmo da paixão (...). A valentia cavaleiresca cedera lugar ao romanesco. A fantasia substituiu a magia".*

Os romances eram lidos nos salões elegantes por mulheres da classe alta, defensoras dos direitos intelectuais do sexo feminino, as quais, por analogia, eram também chamadas "preciosas". Embora fossem satirizadas por autores como Molière (que, entre outras peças, escreveu em 1659 *As preciosas ridículas*), essas mulheres tinham defensores entre os intelectuais, como os poetas Ménage e Chapelain, que tentaram incluí-las na Academia Francesa, e o próprio Perrault, cuja posição em prol das mulheres se devia principalmente ao fato de ele ser partidário da literatura nativa "moderna" em relação aos clássicos gregos e latinos.

---

* COELHO, Nelly Novaes, op. cit., p. 200.

Pele de Asno. Ilustração de Doré

Os Contos de Fadas

Tal polêmica, que ficou conhecida como *Querela dos Antigos e Modernos*, recusava a mitologia "pagã", defendendo, ao contrário, o maravilhoso "cristão" (cujas origens, como já vimos, podem ser tão pagãs quanto as das obras clássicas). No âmbito dessa discussão, Perrault procurou resgatar a literatura folclórica francesa, por meio de publicações como *Os desejos ridículos*, em que tentava provar a tese do seu amigo D'Aubignac, segundo a qual *A ilíada* e outras epopeias não tinham sido obras autorais, mas sim o resultado de um amálgama de várias fontes.

O efeito secundário do trabalho de resgate do conto popular foi o *insight* de Perrault, após a terceira adaptação do conto *Pele de Asno*, que o fez perceber que as narrativas podiam ser usadas como forma de instruir as crianças e os jovens. Como ele mesmo diz no prefácio de 1696,

Houve pessoas capazes de perceber que essas bagatelas não são simples bagatelas, mas guardam uma moral útil, e que a forma de narração não foi escolhida senão para fazer entrar essa moral da maneira mais agradável no espírito, e de um modo instrutivo e divertido ao mesmo tempo.[27]

Charles Perrault, célebre autor de *Contos da Mamãe Gansa*

---

[27] PERRAULT, citado por COELHO, 2003, p. 77.

Para levar a cabo essa dupla tarefa – a revalorização do folclore e a sua utilização na educação dos jovens – Perrault se valeu de uma figura arquetípica, a da velha fiandeira e contadora de histórias que conhecemos como *Mamãe Gansa*. A figura aparece pela primeira vez em 1650, na obra *La Muse Historique*, de Loret, da qual constava a expressão "Comme un conte de la Mére Oye". A frase foi usada na coletânea de oito contos de fadas publicada em 1697 por Perrault e associada à imagem do frontispício, onde uma velha senhora fiava e contava histórias.

Longe de estar associada apenas aos contos de fadas, a Mamãe Gansa emprestou seu nome a muitas coleções de contos, poemas e cantigas infantis, principalmente na Inglaterra. O termo passou a ser mais usado para a coleção de poemas *Mother Goose's melody* (1765), do editor John Newbery, pioneiro no ramo infantil. Segundo uma tendência positivista, alguns pesquisadores se lançaram à tarefa de atribuir a identidade da Mamãe Gansa a narradoras que realmente existiram, tais como a Sra. Elizabeth Goose, bisavó da esposa do editor Isaiah Thomas.

Embora sua figura assuma, algumas vezes, aspectos cômicos e até grotescos, a Mamãe Gansa foi apresentada aos jovens com o fim de orientá-los no aprendizado da moral. O livro de Perrault, por exemplo, tem como subtítulo *Histoires ou contes du temps passa, avec les moralités*: as lições de moral eram explícitas em versos constantes do final de cada história. O autor registrado foi Pierre Perrault D'Armancour, filho de Perrault, que na época estava com dezenove anos de idade. Nelly Novaes Coelho acredita que o autor não quisesse arriscar sua reputação de escritor "culto" com a publicação de uma literatura popular, que poderia ser considerada frívola. De qualquer forma, a obra agradou em cheio, sendo muitos os que a consideram a primeira obra da literatura voltada especificamente para o público infantil.

Os Contos de Fadas 51

O Pequeno Polegar com os irmãos na floresta. Ilustração de Doré

Os contos da edição original são: *A bela adormecida*; *Chapeuzinho Vermelho*; *O Barba Azul*; *O gato de botas*; *As fadas*, *A gata borralheira*; *Henrique, o topetudo* e *O pequeno Polegar*. A esses, Perrault juntou, posteriormente, *Pele de Asno*, *Os desejos ridículos* e *Grisélidis*, todos eles versões de *fabliaux* medievais que haviam sido transmitidos de geração a geração, e cujos motivos centrais haviam inspirado escritores como Straparola (*Pele de Asno*) e Boccaccio (*Grisélidis*). Com *Perrault*, as narrativas se fixam, se perpetuam e adquirem uma nova função junto ao público jovem, constituindo-se em peça fundadora de um *corpus* literário que, embora em alguns momentos tenha sido tratado como um gênero menor, conservou-se ao longo de 300 anos e vem sendo retomado e revalorizado nos últimos tempos.

Se, por um lado, o nome de Charles Perrault se destaca entre os autores que trabalharam com o conto maravilhoso, por outro não podemos esquecer da contribuição das "preciosas", das quais as mais conhecidas são Marie Catherine D'Aulnoy e Marie-Jeanne L'Héritier. Segundo Marina Warner, o conto de fadas *L'Île de la Felicité*, de D'Aulnoy, escrito em 1690, marcou o início do entusiasmo pelo gênero em Paris e pelo menos dois ou três de seus contos continuaram a ser reproduzidos em coleções infantis. Já L'Héritier, aparentada com Perrault, evocou o mundo dos romances medievais para fornecer ao conto de fadas uma linhagem nobre, embora tenha recorrido a apologias para revidar às críticas da Academia Francesa, segundo a qual o gênero era desprezado como "vulgar, exemplo típico da tolice feminina".[28]

As narradoras da época tiveram seus contos rapidamente divulgados para a Inglaterra e outros países da Europa, onde outras versões e edições começaram a surgir a partir dos primeiros anos do século XVIII. Isso coincidiu com a primeira

---

[28] WARNER, Marina, op. cit., p. 203.

edição francesa de *As mil e uma noites*, também vertida para o Inglês, que despertou o interesse do público para o universo mágico oriental. O gênero continuou a ser lido até fins do século XVIII, quando, além da série de antologias como *Le magasin des enfants* e *Le mentor moderne*, publicada por Jeanne-Marie Leprince de Beaumont com o fim de incutir virtudes sociais em crianças e jovens,[29] surgiu a série de 41 volumes *Gabinete de fadas – Coleção escolhida de contos de fadas e outros contos*, em que se incluíam novas versões de alguns contos das "preciosas". A edição foi feita entre 1785 e 1789, quando eclodiu a Revolução Francesa, e o culto à Razão acima de qualquer forma de pensamento mágico acabou condenando os contos de fadas a uma espécie de ostracismo. Eles só voltariam a ser considerados importantes a partir das pesquisas em Linguística e Folclore realizadas pelos Irmãos Grimm, cujas obras são de grande importância não apenas para o estudo do conto de fadas como um todo, mas também na sua divulgação para os países da América, inclusive o Brasil.

---

[29] TATAR, Maria (ed.). *Contos de fadas*: Edição comentada e ilustrada, p. 350.

5

O século XIX: romantismo e folclorismo

Considerações gerais

Entre a expansão dos ideais iluministas e o avanço científico, é natural que a sociedade culta, no século XVIII, repudiasse tudo aquilo que fizesse referência ao "mágico" e ao "fantástico". Segundo a pedagogia da época, as próprias crianças deveriam ser mantidas longe do contato com os contos maravilhosos e as fábulas, uma vez que – como diz Rousseau em seu tratado sobre a Educação, *Emílio* – a moral contida nessas histórias era confusa e não apropriada aos espíritos jovens. Em contrapartida, foi a partir do mesmo período que a infância passou a ser efetivamente considerada como uma fase especial da vida, diferente da idade adulta, cujas demandas incluíam a existência de uma literatura que fosse ao mesmo tempo instrutiva e divertida.

No século XIX, autores como Walter Scott, Alexandre Dumas e James Fenimore Cooper retomaram a novelística de aventuras, enquanto Júlio Verne se tornava um dos fundadores da ficção científica. O gênero que hoje conhecemos como *fantasia* (fantasy fiction), no qual se incluem obras como *O Senhor dos Anéis* e a série *Harry Potter*, havia sido inaugurado no século anterior com a publicação, em 1765, de *O castelo de Otranto*, de Horace Walpole. Em todos esses gêneros há muitas obras que bebem na mesma fonte mítica e mágica que deu origem aos contos de fadas; no entanto, no que toca a esses últimos, pode-se continuar a seguir uma trajetória distinta, na qual se destacam, a partir do início do século XIX, os nomes de dois eminentes filólogos e linguistas, Jacob Grimm (1785-1863) e seu irmão Wilhelm (1786-1859).

Os Irmãos Grimm

Segundo Marina Warner, "por trás dos velhos que contam histórias escondem-se as crianças que existiram um dia, e com essa fantasia emerge a memória do narrador de histórias, a mãe, avó ou ama".[30]

Essa afirmação parece ser verdadeira no caso dos Grimm, que, imbuídos do espírito romântico alemão do final do século XVIII e princípio do século XIX, identificaram os contos populares com a mente "pura" e "inalterada" das crianças. Assim, a voz da gente comum, expressa na literatura de transmissão oral, também seria pura, conservando a essência original do povo alemão.

O plano inicial de Jacob e Wilhelm Grimm era ouvir histórias narradas por pessoas simples e fixá-las no papel, antes que a urbanização e a industrialização viessem a modificá-las irreversivelmente. Assim, puseram-se a campo para recolher esses registros, ouvindo vários narradores, dentre os quais se destacou a esposa de um alfaiate do interior, chamada Dorothea Viehmann. Foi de Frau Viehmann – que já contava histórias nos círculos das famílias protestantes – que os Grimm

---
[30] WARNER, Marina, op. cit., p. 221.

obtiveram grande parte dos contos populares. Ao mesmo tempo, usaram fontes literárias, traçando analogias e estabelecendo comparações a fim de determinar a versão definitiva de um conto. O volume resultante, *Contos da infância e do lar* (1812-1815), continha também literatura de outra procedência, inclusive contos publicados no século XVII por Perrault, reforçando a ideia da existência de fontes comuns.

Ao contrário de Perrault, entretanto – cujas histórias conservavam o tom cômico dos *fabliaux* – os Grimm suavizaram a maior parte dos contos de fadas, o que fizeram, em parte, com base nas críticas de vários intelectuais e escritores daquele tempo. No fim, o material concebido inicialmente para servir ao estudo de filólogos e folcloristas acabou sendo expurgado de todo conteúdo "inadequado a crianças", como referências a sexo ou gravidez pré-nupcial, além de boa parte do humor jocoso que caracteriza as narrativas orais. Por outro lado, muitos contos conservam e até intensificam o grau de violência, enfatizando a punição para os maus, como as irmãs postiças de Cinderela.[31]

Segundo muitos estudiosos, foi a partir dos Irmãos Grimm que o conto de fadas assumiu sua roupagem atual, e foram as suas versões que serviram como base para que as histórias fossem contadas, reescritas, encenadas e filmadas ao longo de todo o século XX (e XXI). Adelino Brandão enfatiza, inclusive, sua importância para as recolhas de contos tradicionais brasileiros, assunto ao qual voltaremos mais tarde.

Agora, faremos uma breve apresentação de outros folcloristas e escritores que, tal como os irmãos alemães, procuraram fixar as narrativas orais de seus países, a fim de que, ao longo dos séculos, o espírito e a memória de seus povos fossem preservados.

---

[31] TATAR, Maria, op. cit., p. 352.

Asbjornsen e Moe

Os amigos de escola Peter Christen Asbjornsen (1813-1885) e Jörgen Moe (1813-1882) decidiram fazer pelo folclore norueguês o que os Grimm haviam feito pelo alemão. No início, tencionavam registrar as histórias exatamente como as ouviam, mas depois optaram por ouvir várias versões dos contos e compor um texto que preservasse a essência e fosse literariamente atraente. Seus *Contos populares noruegueses* seriam publicados em 1841 e traduzidos para o inglês em 1859. No entanto, à exceção do conto *A leste do Sol e a oeste da Lua*, uma versão "polar" de *A bela e a fera*, suas narrativas não alcançariam a popularidade das coletâneas de Grimm e Perrault.

Aleksandr Afanasiev

Assim como os noruegueses, o russo Afanasiev (1826-1871) se inspirou nos Irmãos Grimm para produzir sua coletânea de contos, desta vez a partir do folclore eslavo. Seus *Contos de fadas russos*, lançados em oito fascículos entre 1855 e 1867, continham mais de seiscentas histórias.

Aleksandr Afanasiev, grande folclorista russo

Afanasiev ouviu alguns contos de narradores, mas a esmagadora maioria deles lhe foi enviada pelo pesquisador Vladimir Dahl, por professores, militares e funcionários de província. Embora preservasse a linguagem utilizada nos contos, ele tendia a interpretá-los de forma simplista, como se o "popular" fosse indício de um pensamento "primitivo". Isso se modificou a partir do lançamento de uma versão compacta, *Contos de fadas russos para crianças*, em que os dialetos foram substituídos pelo idioma culto e as passagens consideradas "impróprias" foram suprimidas. Algumas das histórias consideradas "impublicáveis" foram lançadas anonimamente na Suíça, em 1872, sob o título de *Contos proibidos russos*.

Embora Afanasiev tenha sofrido um grande revés em 1860, quando foi acusado de se apropriar ilegalmente de textos dos arquivos públicos e perdeu seu posto no governo, sua obra foi muito importante para os folcloristas, escritores – como Máximo Gorki, que décadas mais tarde lembraria "a poderosa linguagem poética de Afanasiev" – e estudiosos dos contos de fadas, como Vladimir Propp, que usou os textos da coletânea para seu trabalho *Morfologia do conto maravilhoso*.

Joseph Jacobs

O historiador e folclorista Joseph Jacobs (1874-1916) deu um grande impulso à divulgação dos contos de fadas, editando, entre 1899 e 1900, a revista *Folklore* e publicando coletâneas de contos e fábulas do mundo todo. Sua energia foi voltada principalmente para o folclore britânico, que procurou resgatar, tal como os Grimm haviam feito na Alemanha, antes que as narrativas desaparecessem.

Pedindo a leitores britânicos que lhe enviassem contos locais, Jacobs os recontou ao estilo de "uma boa ama quando narra contos de fadas", acrescentando notas, comentários e uma advertência: "Atenção. Os contos de fadas ingleses estão encerrados agora. Meninos e meninas não devem ler mais nada". Entre 1892 e 1894 Jacobs publicou quatro livros, *English fairy tales*, *Celtic fairy tales*, *More English fairy tales* e *More Celtic fairy tales*.

Contemporâneo de Jacobs, Andrew Lang também contribuiu para a promoção do folclore britânico, tendo seus livros reeditados até os dias de hoje.

Joseph Jacobs, historiador e folclorista

Hans Christian Andersen

Ao contrário de Perrault e dos Grimm, o dinamarquês Andersen (1805-1875) provinha de uma família humilde, tendo passado por dificuldades que não apenas relatou em sua autobiografia (1832) como deixou transparecer em vários de seus mais de 150 contos, onde, muitas vezes, coisas más acontecem a seres puros e bons como *O patinho feio*, *A pequena sereia* e *A pequena vendedora de fósforos*. Essas histórias comoventes

O dinamarquês Andersen, autor de O patinho feio

costumam levar seus leitores às lágrimas, mas muitos críticos as consideram fascinantes, impregnadas de uma força redentora que compensa os sofrimentos do herói/heroína.

Em 1830, Andersen já declarava sua intenção de publicar um ciclo de contos populares dinamarqueses e, em 1835, após um pequeno livro chamado *Contos contados para crianças*, tinha três volumes de contos de fadas no prelo. Nessa época, seus contos, embora criticados pela imprensa, já eram bastante lidos pelo público infantil e em Weimar e Londres ele alcançou o sucesso que não tivera na Dinamarca.

Também ao contrário de Perrault e dos Grimm, Andersen reivindicava a autoria de seus contos, embora admitisse que alguns eram inspirados pelas histórias que ouvira na infância. De qualquer forma, ele é considerado um dos principais nomes do conto de fadas literário, no qual os motivos e narrativas universais são retomados e transformados pelo gênio e pela criatividade do artista.

O espírito romântico inspirou diversos outros autores a enveredar pelo estilo dos contos de fadas, podendo-se destacar a obra *Novos contos de fadas*, da Condessa de Ségur (1856), os valores transmitidos são os inerentes à sua época. Oscar Wilde, em narrativas como *O filho da estrela*, também se aproxima do gênero, enquanto obras como *Pinóquio*, de Carlo Collodi (1881), fundem de forma magistral a vida cotidiana a elementos do maravilhoso.

Nesse período, surgiram dezenas de obras-primas literárias que, fosse essa ou não a intenção do autor, acabaram se convertendo em clássicos da literatura para crianças e jovens, como as obras de Verne, Stevenson e Kipling, *Peter Pan*, de James Barrie, *Alice no País das Maravilhas*, de Lewis Carroll, e *O vento nos salgueiros*, de Kenneth Grahame. Algumas delas são realistas, outras admitem o elemento fantástico, sendo consideradas por alguns autores como pertencentes ao gênero conhecido como *fantasy fiction*. A par disso, no entanto, o conto de fadas tradicional continuou a seguir sua trajetória, sendo revisitado, aqui e ali, por escritores, mas principalmente sendo recontado, como sempre, pelas avós em torno das lareiras, enquanto as versões já fixadas corriam o mundo em centenas de edições e traduções.

O conto de fadas e a sua divulgação no Brasil

Como quaisquer outras sociedades tradicionais, os povos indígenas do Brasil também possuíam uma riquíssima literatura oral, transmitida por meio de ritos, cantos e narrativas. Destas, algumas ainda sobrevivem, graças à tradição familiar e tribal de passá-las adiante e aos registros efetuados por antropólogos e folcloristas. A esse material vieram se somar, a partir de 1500, as tradições europeias trazidas pelos colonizadores, como os romances medievais e contos maravilhosos que se encontram na gênese dos contos de fadas.

Dentre os vários tipos de narrativa tradicional que chegaram ao Brasil destacam-se os chamados *rimances*, cujo foco principal de criação teria sido Castela, mas que também eram compostos por portugueses. Trata-se de uma composição em versos rimados, difundida principalmente nas regiões rurais. Os rimances parecem ter tido origem nas gestas medievais, e muitos deles se referem a fatos históricos, servindo para divulgar os acontecimentos. Os que possuíam essa característica noticiosa são os precursores dos cantares nordestinos conhecidos como ABCs.

Na época do povoamento, muitos rimances vieram para o Brasil, como o *Rimance da Nau Catarineta*, *A Bela Infanta*, *O Bernal Francês* e *Os Doze Pares de França*, inspirado na *Canção de Rolando*. Essas composições, aqui chamadas de *romances*, foram difundidas principalmente na zona canavieira do Nordeste e permaneceram sem registro até o século XIX. Ao mesmo tempo, versos da lírica popular e contos tradicionais – coligidos em obras como *Contos e histórias de proveito e exemplo*, de Gonçalo Trancoso, ou simplesmente narrados nos serões familiares – passaram a circular também no Brasil, mesclando-se, com o passar dos anos, ao elemento nativo e a outros de origem africana.

Para Câmara Cascudo, as tradições presentes nesses contos "justapõem-se de maneira indecifrável",[32] sendo o elemento branco (português) o mais presente nos contos tradicionais brasileiros. Essa afirmação faz sentido em vista de ser a cultura europeia a dominante, a letrada, aquela cujos registros permanecem. Além disso, embora algumas recolhas brasileiras registrem narrativas de origens diversas, no caso específico dos contos de fadas e na maior parte dos contos maravilhosos pode-se estabelecer, com grande margem de segurança, uma trajetória que passa pela Península Ibérica antes de chegar, difundir-se e se enraizar no imaginário do povo brasileiro.

A exemplo dos Irmãos Grimm e de outros estudiosos da Europa, em Portugal também surgiram, a partir do século XIX, coletâneas de narrativas populares de alcance regional e nacional. Dentre as mais conhecidas estão *Contos populares portugueses*, de Adolfo Coelho (1879), *Contos tradicionais do povo português*, de Teophilo Braga (1883), e *Contos populares portugueses*, de Consiglieri Pedroso (1910). Ao mesmo tempo, folcloristas e etnólogos brasileiros começaram a trabalhar de forma semelhante deste lado do mar, entre eles Couto de Magalhães (*O selvagem*, 1876), Juvenal Galeno (*Lendas e canções populares*, 1865), Barbosa Rodrigues (*Poranduba amazonense*,

---

[32] CASCUDO, Luís da Câmara, op. cit., p. 14-15.

1890-1894) e o mais destacado de todos, Sílvio Romero, autor de *Cantos populares do Brasil* (1882) e *Contos populares do Brasil* (1883) e fundador, no Nordeste, da "Escola Alemã" de Folclore, junto com Tobias Barreto e Clóvis Bevilacqua. Essa escola teria como discípulo o filólogo e historiador João Ribeiro, que realizou na Biblioteca Nacional, em 1913, o primeiro Curso de Folclore no Brasil, ali disseminando amplamente as ideias dos Grimm a respeito do assunto.[33]

Anos depois, os métodos usados pelos Grimm em suas recolhas viriam facilitar também os estudos comparativos de Luís da Câmara Cascudo, que frequentemente os cita nas notas de seus trabalhos de compilação. Considerado por muitos o maior folclorista do Brasil, com cerca de 150 livros publicados, Cascudo é um nome fundamental no que tange à recolha e ao estudo dos contos tradicionais brasileiros, os quais, ao contrário de Romero – cuja classificação se dá segundo o critério antropológico-racial, em voga na época –, organizou segundo a temática, mais ou menos como no esquema Aarne-Thompson, com isso tornando mais fácil aproximá-los das narrativas de outras procedências.

Luís da Câmara Cascudo, grande estudioso das tradições populares do Brasil

---

[33] BRANDÃO, Adelino. *A Presença dos Irmãos Grimm na Literatura Infantil e no Folclore Braileiro*, p. 38

Se, por um lado, o trabalho dos folcloristas fixou algumas versões orais dos contos de fadas, por outro a sua divulgação deve muito a escritores e editores. Adelino Brandão afirma que os contos dos Grimm já circulavam no Brasil, em edições europeias, antes de serem incluídos em coletâneas nacionais, mas sua popularização só aconteceria depois da publicação de obras como *Histórias da Baratinha* e *Contos da Carochinha*, de Figueiredo Pimentel, considerado um dos fundadores da literatura infantil brasileira. Também merecem destaque o editor Lourenço Filho, diretor da série *Contos infantis* da Weiszflog & Irmãos – que, mais tarde, se tornou a Editora Melhoramentos – e, ainda, Monteiro Lobato, que, a exemplo de Lewis Carroll e Collodi, fundiu o cotidiano e o imaginário, obtendo enorme sucesso com *Reinações de Narizinho* (1934) e com os demais livros em que figuram os moradores do Sítio do Picapau Amarelo.

Em *Serões de Dona Benta* e em *Histórias de Tia Nastácia* (1937), Lobato adapta e assim contribui para a difusão de vários contos tradicionais, como *O bicho Manjaléu*, que figura em primeiro lugar tanto nas histórias de Nastácia quanto nos *Contos populares do Brasil*, de Romero. Com ele, não apenas o conto de fadas, mas toda a literatura para crianças e jovens ganhou novo fôlego, tanto por meio de seu legado como autor quanto da grande quantidade de obras que traduziu e/ou editou, como *Alice*, *Caninos brancos* e *O grito da selva*, de Jack London, *Pinóquio*, *As Aventuras de Huckleberry Finn*, de Mark Twain, e ainda contos de fadas de Andersen e Perrault.

Nas décadas que se seguiram a Lobato, os contos maravilhosos foram muitas vezes reeditados, quase sempre com simplificações na narrativa e na linguagem. A gradativa busca da retomada de qualidade surgiria no âmbito da reavaliação e revalorização da literatura infantil e infantojuvenil, à qual o gênero se achava associado e que começou a ocorrer no final da década de 1960.

A partir daí, o conto de fadas foi sendo aos poucos reconduzido à sua verdadeira importância, podendo-se hoje contar com boas traduções e adaptações, livros atraentes e, o que também é fundamental, narradores dispostos a estudar, conhecer e divulgar essas histórias da forma mais tradicional e deliciosa possível: em círculo, através da palavra, partilhando um momento mágico que jamais será esquecido.

A interpretação dos contos de fadas: uma introdução

Considerações gerais

A despeito da posição de alguns estudiosos, em particular historiadores – para quem os contos de fadas podem ser explicados com base nos fatos históricos e na realidade social de sua produção e transmissão –, a maior parte das pessoas concorda que essas narrativas estão imbuídas de um significado simbólico, o qual vem sendo retransmitido, embora com modificações, desde o surgimento dos primeiros mitos e ritos.

Ao investigar a origem dessas narrativas, multiplicam-se as tentativas de interpretação do seu significado original, desde as primeiras conclusões tiradas pelos Irmãos Grimm – para quem os elementos maravilhosos presentes nas narrativas eram rastros de concepções míticas da antiga raça ariana[34] – até as análises de psicólogos contemporâneos, que usam essas histórias como parte de uma terapêutica, visando levar o indivíduo ao autoconhecimento e à melhor interação com o mundo moderno.

O que se segue é apenas um esboço, em linhas gerais, das principais teorias de interpretação do simbolismo presente nos contos de fadas.

---
[34] COELHO, Nelly Novaes, op. cit., p. 101.

As análises científicas

Segundo Marie-Louise von Franz, o interesse científico pelos contos de fadas começou no século XVIII, com Winckelmann, Haman e Herder, além de K. P. Moritz, que deu aos contos uma interpretação poética identificada com o neopaganismo.[35] Décadas mais tarde, a simbologia contida nas narrativas foi interpretada por Adalberto Kuhn e Max Muller como linguagem ligada a antigos mitos, ou expressões figuradas de reações dos "primitivos" diante da Natureza. Indo mais longe, Ottfried Muller, em 1825, analisou as formas simbólicas como índices da incapacidade de abstração das sociedades tradicionais, sendo as lendas (já estruturadas) um estágio superior ao surgimento do mito.

No final do século XIX, Theodor Benfey tentou provar que todos os temas dos contos de fadas se originaram na Índia e migraram para a Europa, enquanto Jensen, Winkler e Stucken alegavam que as narrativas tinham sua origem na Babilônia. Já os finlandeses Kaarle Krohn e Antti Aarne afirmavam que diferentes contos podiam provir de diferentes países. A recolha que fizeram, dividida por tipos, foi a base para o sistema de classificação hoje conhecido como Aarne-Thompson, do qual muito se beneficiaria Vladimir Propp em seus estudos acerca da morfologia do conto maravilhoso.

A primeira relação entre o simbolismo dos sonhos e o dos contos maravilhosos parece ter sido feita por Ludwig Laistner (1889), enquanto Adolf Bastian dizia que os temas mitológicos básicos são como "pensamentos elementares da espécie humana". A ideia se aproxima do conceito de *arquétipo,* da forma como viria a ser utilizado por Jung, embora, como ressalta Marie-Louise von Franz, o arquétipo não esteja ligado apenas ao

---

[35] FRANZ, Marie-Louise von. *A interpretação dos contos de fada*, p. 12.

pensamento, e sim a toda uma estrutura que envolve a mente, o imaginário, o emocional e mesmo impulsos básicos vitais.[36] De qualquer forma, a ligação entre os sonhos e o imaginário dos contos de fadas seria retomada e ampliada a partir dos estudos dos psicólogos no início do século XX.

As análises psicológicas

Uma nova luz foi lançada sobre a simbologia dos contos de fadas, por meio da análise proposta por estudiosos da psique humana e de seus processos.

Sigmund Freud

Fundador da Psicanálise, Sigmund Freud (1856-1939) acreditava que o estudo dos sonhos era o elemento essencial para a compreensão da psique humana inconsciente. No entanto, as imagens seriam produtos das memórias individuais dos seres humanos e não da mente coletiva, como supunha Bastian. Essa

Freud, fundador da Psicanálise

---

[36] Idem.

concepção só viria a ser retomada anos depois por Jung, seguidor de Freud, que se tornaria seu oponente.[37]

No tocante ao conto de fadas, Freud publicou duas análises sobre possíveis influências de sua leitura na psique dos pacientes, além de *História de uma neurose infantil*, na qual é importante o papel desempenhado pelos contos *Chapeuzinho Vermelho* e *O lobo e os sete cabritinhos*. As análises freudianas não interpretam a matéria narrativa, propriamente dita, mas a influência de seu simbolismo sobre a psique de pacientes em geral problemáticos. Seus seguidores trabalham na mesma linha, sendo muito conhecido o interessante trabalho de Bruno Bettelheim, *Psicanálise dos contos de fadas*, voltado para a psicanálise infantil. Bettelheim se declara favorável ao contato das crianças com os contos de fadas, que as ajudariam a lidar melhor com seus traumas e complexos. Por outro lado, a obra tem recebido críticas justamente pela "funcionalidade" que atribui às narrativas, as quais, assim, perdem seu caráter espontâneo e natural para se converterem em simples instrumento de análise.

Carl Gustav Jung

Retomando o caminho aberto por Bastian e as teorias do antropólogo Wundt – para quem os contos e mitos teriam surgido da fantasia coletiva e não da criação individual – Carl Gustav Jung (1875-1961), ex-discípulo de Freud, considerava os contos de fadas como originários das camadas profundas do inconsciente, comuns à psique de todos os seres humanos e pertencentes ao mundo arquetípico. Para ele, os contos dão expressão aos processos do inconsciente tanto pessoal quanto coletivo. Ao escutá-los, permitimos que os processos revivam,

---

[37] BIERLEIN, J.F. *Mitos paralelos*, p. 297.

Os Contos de Fadas

restabelecendo a conexão entre o consciente e o inconsciente, ou, em outras palavras, ao encontro do ser humano com sua alma ou eu interior, chamado de *self*. Daí os contos de fadas não servirem apenas para a superação de complexos, mas também como auxiliares no processo de individuação e autoconhecimento – o que mais tarde Joseph Campbell, um dos maiores divulgadores do pensamento de Jung, chamaria de "Jornada do Herói".

Jung estudou o simbolismo dos contos de fadas

Os trabalhos de Jung sobre contos de fadas e temas correlatos se encontram em suas *Obras completas* – Marie-Louise von Franz cita *A fenomenologia do espírito nos contos de fadas*[38] – mas a interpretação dessas narrativas pode ser muito auxiliada por obras mais gerais sobre mitos, arquétipos e simbolismo, tais como *Símbolos da transformação*. Jung também encorajou seus colaboradores a estudarem os contos de fadas e forneceu as bases para inúmeros estudiosos modernos, destacando-se, entre outros, Marie-Louise von Franz, Joseph Campbell (cujo livro *O herói de mil faces* é fundamental como chave para a interpretação das narrativas maravilhosas) e, muito conhecida atualmente, Clarice Pinkola Estés, que vem participando de um movimento de revalorização das histórias tradicionais e do ato

---

[38] FRANZ, Marie-Louise von, op. cit., p.234.

de narrá-las como parte do processo de autoconhecimento e transformação pessoal.

À guisa de conclusão

Ao interpretar ou mesmo discutir o simbolismo dos contos de fadas, é preciso ter em mente que os significados atribuídos aos símbolos são relativos e que não foram incluídos propositalmente na narrativa, surgindo, de forma espontânea, de acordo com as circunstâncias da gênese e/ou da transmissão dos contos.

Embora os arquétipos sejam universais, os símbolos têm significados diferentes de acordo com a cultura e mesmo de acordo com o momento em que se apresentam.[39] Assim, as interpretações devem levar em conta o maior número possível de variáveis, embora, ao mesmo tempo, se procure descobrir o denominador comum às várias representações do mesmo tema ou imagem.

---

[39] CHEVALIER, Jean, GHEERBRANT, Alain. *Dicionário de símbolos*. p. xv

8

O conto de fadas: permanência no mundo moderno

Considerações gerais

O legado cultural representado pelos contos de fadas atravessou séculos e gerações até chegar a nossos dias. Durante certa época, os contos foram vistos como simples narrativas destinadas (apenas) a crianças, ou, na melhor das hipóteses, como objeto de curiosidade de folcloristas e antropólogos. Nos últimos tempos, no entanto, o gênero vem sendo redescoberto, na medida em que mais e mais pessoas se dão conta do profundo significado dessas histórias e da importância que elas têm no mundo moderno.

Sem pretender esgotar esse assunto – o que seria impossível – abordaremos algumas das formas pelas quais os contos maravilhosos vêm ganhando novo impulso, por meio do trabalho de escritores, educadores, terapeutas e também dos novos contadores de histórias, que cada vez mais contribuem para a disseminação e a sobrevivência, entre nós, da magia dos contos de fadas.

O conto de fadas e a literatura contemporânea

O caminho aberto por Andersen levou outros escritores a se aventurarem no universo dos contos de fadas, revisitando-os ou simplesmente escrevendo suas histórias dentro do mesmo estilo narrativo e universo temático.

Oscar Wilde foi um deles, com contos como *O príncipe feliz*, *O filho da estrela* e *O rouxinol e a rosa*. Outros, mais associados ao gênero da *fantasy fiction*, foram William Morris (*O bosque além do mundo*), e George McDonald (*A princesa e o goblin*). Atribuindo ao conto de fadas uma definição mais ampla, próxima da do conto maravilhoso, podemos colocar nessa categoria trabalhos de Charles Dickens, Nathaniel Hawthorne e Edgar Allan Poe. Também Hermann Hesse, autor de *Sidarta*, escreveu belos e sensíveis contos de fadas literários, além de recontar algumas histórias medievais.

Na primeira metade do século XX, alguns contos de fadas começaram a ser divulgados pela mídia por meio de versões para o cinema, como o desenho animado *Branca de Neve* (1937), de Walt Disney, e o filme *A bela e a fera* (1946), de Jean Cocteau. Algumas dessas obras são fiéis à narrativa constante em fontes como Perrault ou os Grimm, mas outras, apesar da excelente realização, contribuíram para passar adiante versões distorcidas dos contos de fadas tradicionais, despojando-as do seu significado, ainda que sem a menor intenção de fazê-lo.

Ao mesmo tempo, os contos populares continuavam a ser coligidos, aqui e ali, podendo-se destacar a contribuição de Italo Calvino com suas *Fábulas italianas*, que reuniram num volume de escopo nacional o que até então só fora recolhido regionalmente. Outros pesquisadores registraram e publicaram narrativas de povos não europeus, contribuindo, assim, para ampliar a visão de mundo e o sentido de universalidade daquelas histórias.

O quarto do Barba Azul. Ilustração de Doré

Enquanto isso, no campo da literatura ficcional, os escritores continuavam produzindo. Dentre aqueles que podem ter alguns de seus trabalhos associados a contos de fadas estão desde João Guimarães Rosa (*Fita verde no cabelo*) a Roald Dahl (*Chapeuzinho Vermelho e o lobo*), passando pelas narrativas em prosa poética de Marina Colasanti (*A moça tecelã*, entre muitos outros), pelo humor corrosivo de James Garner (*Contos de fadas politicamente corretos*) e pela releitura erótica dos contos tradicionais feita por Angela Carter em *O quarto do Barba Azul*, incluindo uma nova versão de *Chapeuzinho Vermelho* que, mais tarde, foi levada às telas por Neil Jordan em *A Companhia dos Lobos*. Outros filmes contemporâneos vêm revisitando os contos de fadas, sendo alguns explicitamente baseados neles, como *Floresta negra* (*Branca de Neve*) e outros apenas utilizando a ideia central, como *Uma linda mulher*, que é essencialmente a história da *Cinderela*. Isso porque todos os enredos, de livros, de filmes, de peças teatrais ou de quaisquer outras manifestações artísticas têm como pano de fundo as mesmas situações que já vinham sendo mostradas há séculos nos contos de fadas: a *mitologia coletiva*, que se torna individual a partir da nossa própria experiência.

Um excelente livro a esse respeito é *A jornada do escritor*, de Christopher Vogler, que trata justamente das estruturas míticas básicas, presentes tanto em um conto de fadas quanto nos episódios de *Guerra nas estrelas*. Ao lê-lo, percebemos claramente que todos aqueles que alguma vez escreveram e narraram histórias beberam das mesmas fontes, e que, com seu talento e criatividade, contribuíram para que as velhas histórias permanecessem novas para sempre.

Os Contos de Fadas 77

Duas cenas clássicas do conto *Branca de Neve*. Ilustrações de John Batten

A literatura infantil

Enquanto os escritores de ficção para adultos davam asas à sua imaginação, os que se voltavam para o público infantil deparavam, até algum tempo atrás, com certa demanda imposta pela sociedade dominante de transmitir os valores morais considerados "corretos" em suas narrativas, as quais, muitas vezes, acabavam presas a um modelo de didatismo.

Os contos de fadas, por sua vez, foram encarados durante muito tempo como um entrave ao amadurecimento das crianças e ao seu enfrentamento do mundo real. Na década de 1970, a sociedade americana apregoava que esses contos podiam não apenas idiotizar as crianças, mas também "fazer os pais passarem por mentirosos, pois, na era da tecnologia, dificilmente alguém acreditaria em bruxas e princesas".[40] Felizmente, a partir da mesma década, a opinião de educadores, de psicólogos, como Bettelheim, e de alguns segmentos da sociedade começou a se fazer ouvir, reivindicando para as narrativas maravilhosas seu papel fundamental no processo de crescimento e amadurecimento de cada ser humano.

Hoje, são inúmeras as edições dos contos de fadas tradicionais, como também são inúmeros os autores que os revisitaram e recontaram, dando sua própria versão literária ou fazendo novas viagens por antigos caminhos. Só para ficar nos brasileiros, podemos citar Ana Maria Machado (*História meio ao contrário*), Fernanda Lopes de Almeida (*A fada que tinha ideias*), Bartolomeu Campos de Queirós (*Onde tem bruxa tem fada*) e ainda Chico Buarque (*Chapeuzinho Amarelo* e as versões para o português do musical italiano *Os saltimbancos*).

As escolas e as bibliotecas infantis e públicas têm investido na tradicional "hora do conto" para resgatar essas narrativas, e muitos professores e educadores estão se interessando pela velha arte de contar histórias, a qual, nos últimos anos, vem conhecendo um verdadeiro "renascimento". No entanto, o ato de narrar histórias não se limita ao público infantil ou estudantil, e suas funções são bem mais amplas do que aquelas que se

---

[40] CAVALCANTI, Joana. *Caminhos da literatura infantil e juvenil*, p. 52.

podem perceber, de imediato, numa biblioteca ou sala de aula. É sobre isso que passaremos a falar.

O conto de fadas como fonte terapêutica

Nos últimos anos, os contos de fadas vêm sendo cada vez mais utilizados por psicólogos, psicanalistas e terapeutas tradicionais e alternativos como um poderoso instrumento de autoconhecimento, de aproximação com o divino e de cura, ou superação, de problemas individuais.

No Ocidente, essa prática se estabeleceu principalmente a partir de Bettelheim, para quem, ao ler ou escutar um conto de fadas, "o paciente encontra soluções *próprias*, meditando sobre o que a história parece insinuar sobre ele e seus conflitos naquele momento de sua vida".[41] No entanto, o próprio Bettelheim cita o ato de meditar sobre um conto como parte da medicina tradicional hindu – e esse mesmo método, como sabemos, foi amplamente utilizado por divulgadores do budismo na época de Esopo. As próprias fábulas, embora explicitem a moral da história, têm como função levar aqueles que as ouvem à reflexão. Assim, vemos que não apenas o ato de contar histórias é milenar, mas também a sua função de servir como ponte entre o indivíduo e seu inconsciente, o humano e o divino, o micro e o macrocosmo.

As abordagens e práticas são inúmeras, mas a finalidade buscada pela terapêutica é sempre a do resgate de conteúdos interiores, por meio da narrativa de mitos, contos e histórias pessoais. Um conceito bem amplo é fornecido pelos psicólogos do grupo Common Boundary, que usam o termo *histórias sagradas* para se referir a esse tipo de narrativa.

---

[41] BETTELHEIM citado por SIMPKINSON, Charles e Anna. *Histórias sagradas*, p. 14.

Para a escritora Jane Yolen, uma história sagrada é aquela que tem poder de transformação, que nos diz quem somos e como nos relacionamos com o mundo e nossos deuses. Nesse contexto, o conto de fadas pode ser visto como uma história sagrada, uma vez que carrega significados profundamente enraizados na psique humana e trabalha com situações que transcendem o campo do circunstancial. Seus personagens não são indivíduos, mas sim figuras arquetípicas – o herói ou heroína, o vilão, a fada, o auxiliar – e a sua narrativa nos leva a refletir e a compreender, mesmo que por meio de um *insight*, alguma coisa sobre a nossa própria jornada. Por sua vez, o narrador também se modifica pelo contato com a história. Como afirma Clarice Pinkola Estés, "são consideradas melhores histórias, de efeito terapêutico mais profundo, aquelas que ficaram gravadas como uma leve tatuagem na pele de quem as viveu".[42] Isso porque contar histórias não é um processo "de mão única", mas sim uma troca, uma partilha de conhecimento, sabedoria, energia e afeto entre os dois ou mais participantes do encontro. E os resultados são notáveis para todos.

Estés (em *Mulheres que correm com os lobos* e em outros trabalhos), Robert Bly (em *Iron John*, que trata dos mitos da masculinidade) e Allan B. Chinen (que trabalha com contos maravilhosos cujos protagonistas são pessoas de meia-idade ou mais idosas) são apenas alguns dos psicólogos que vêm recorrendo à análise e à narrativa de contos de fadas como terapêutica. Um livro interessante é também o de Jean Grasso Fitzpatrick, *Era uma vez uma família*, no qual a autora propõe uma série de contos a serem trabalhados com crianças de todas as idades, pelos próprios pais, resgatando, assim, aqueles momentos de intimidade em que os contos de

---

[42] ESTÉS citada por SIMPKINSON. 2002, p. 86.

fadas foram narrados por gerações e que, no mundo de hoje, nem sempre é fácil conseguir.

Apesar de sua importância como instrumento para o trabalho terapêutico e na educação, devemos ter em mente que o ato de contar histórias é antes de tudo algo que se faz por prazer: porque queremos estar juntos, porque ao narrar nos sentimos mais plenos, porque gostamos de partilhar nossos risos e nossas lágrimas. É dentro desse espírito que pretendemos concluir este trabalho.

Contar histórias: uma arte imortal

Nos últimos anos, a arte de contar histórias vem sendo retomada não apenas por terapeutas e educadores, mas por pessoas de todas as formações, de várias camadas da sociedade, que se reúnem para partilhar sabedoria, afeto e energia através das narrativas. Para fazê-lo, não existem propriamente regras: o melhor é usar o coração e a intuição, além da experiência que só se adquire através do tempo. No entanto, uma discussão acerca do que significa contar histórias e do que é necessário para isso pode nos levar a alguns pontos interessantes.

Em primeiro lugar, é preciso saber que contar histórias é uma arte popular. Uma aproximação excessivamente acadêmica e/ou sofisticada pode esvaziar o conteúdo emocional da narrativa, deixando o público pouco à vontade. Da mesma forma, deve-se ter em mente que, embora o ato de contar histórias possa estar inserido numa proposta terapêutica – de um psicólogo, de um grupo como os Doutores da Alegria – ou, o que é comum, num projeto pedagógico, não se pode agir de forma mecânica, apenas para cumprir um dever ou para ensinar o que quer que seja, de regras gramaticais a valores doutrinários. As histórias devem ser contadas por e com prazer. Se não, nem vale a pena começar.

O *background* cultural do narrador e a sua familiaridade com as histórias também são importantes. Ao narrar um conto maravilhoso, por exemplo, é muito mais importante conhecer e ser capaz de visualizar o cenário em que ele se desenvolve do que saber as palavras exatas. Saber de onde vem a versão que se está narrando é bom, mas melhor ainda é saber trabalhar, criativamente, com os elementos fornecidos pela narrativa, e ser capaz de levar o público a se identificar e se interessar por ela.

A escolha do repertório é fundamental para um contador de histórias. Segundo Ruth Sawyer, mesmo os contadores mais experientes encontram dificuldades com alguns textos e mais facilidade com outros, sugerindo que se trabalhe com três tipos básicos de material: literatura popular (onde se incluem os contos de fadas), contos literários e trechos de livros.[43] Para ela, a literatura popular é a mais fácil de trabalhar, pois tem uma linguagem universal e uma estrutura narrativa simples. A opinião é partilhada por Jonas Ribeiro, segundo o qual "por mais que os requintes e lançamentos literários sofram um constante aperfeiçoamento (...) a literatura infantojuvenil continuará tendo a sua faceta mais atraente na literatura de tradição oral e mais propriamente nos contos de fadas".[44] Mesmo para um público de adultos (ou misto) essas histórias jamais perdem o seu encanto, sendo, no entanto, aconselhável que o narrador a estude previamente, conhecendo-a bem, a fim de ser capaz de transmitir todas as nuances contidas em cada trecho e em cada elemento da narrativa.

A propósito desse assunto, é preciso esclarecer que existem diferenças entre contar, ler e representar histórias, embora todas elas envolvam uma preparação e uma *performance*

---

[43] SAWYER, Ruth. *The way of the storyteller*, p. 153.
[44] RIBEIRO, Jonas. *Ouvidos Dourados*, p. 14-15.

mais ou menos elaborada. A forma como se vai trabalhar depende de nossos gostos, de nosso estilo, de nosso objetivo e, antes de tudo, de nossa sensibilidade. De qualquer forma, o narrador amador ou profissional se beneficiará do domínio de algumas técnicas de voz e expressão corporal, bem como – mais uma vez – do conhecimento profundo da história e dos personagens com os quais irá trabalhar. A sutileza é sempre preferível ao exagero. Como diz Cléo Busatto, "o Lobo Mau não precisa falar grosso para demonstrar a sua ferocidade (...). O que podemos carregar do teatro é justamente a intenção que carrega um ritmo preciso".[45]

A mais famosa cena de *Chapeuzinho Vermelho* em ilustração de Doré

---

[45] BUSATTO, Cléo. *Contar e encantar*, p. 76.

A partir dessas premissas – sendo a primeira, repetimos, o prazer que se tem em contar histórias – tudo se torna uma questão de tempo, de paciência, de experimentação e, por que não dizer, de ousadia por parte do narrador, que irá acertar e errar muitas vezes ao longo de sua trajetória. No entanto, se for essa a sua vocação, ele irá persistir... uma vez que, para o verdadeiro contador de histórias, o ato de narrar é parte inseparável da vida.

Contar histórias não é um ato apenas intelectual, mas espiritual e afetivo. Por isso, as melhores histórias são as que contamos espontaneamente, a partir do que carregamos em nossa bagagem de cultura e de experiência de vida. Independente de qualquer sentido, contar histórias pressupõe antes de tudo a vontade de falar do que se sabe, de doar sabedoria e conhecimento, de passar adiante aquilo que se aprendeu. Mais simplesmente ainda: contar histórias é aumentar o círculo. E, mesmo na falta de uma fogueira ou das lareiras de nossas avós, podemos fazê-lo aqui e agora, partilhando nossas histórias, lançando fios invisíveis que nos unem numa só rede.

Outras leituras, outras visões

BETTELHEIM, Bruno. *Psicanálise dos contos de fadas*. Lisboa: Bertrand, 1991.
BIERLEIN, J. F. *Mitos paralelos*. Rio de Janeiro: Ediouro, 2003.
BRANDÃO, Adelino. *A presença dos irmãos Grimm na literatura infantil e no folclore brasileiro*. São Paulo: IBRASA, 1995.
BUSATTO, Cléo. *Contar e encantar*. Petrópolis: Vozes, 2003.
CAMPBELL, Joseph. *O herói de mil faces*. São Paulo: Pensamento, 1995.
_____. *O poder do mito*. São Paulo: Palas Athena, 1990.
CASCUDO, Luís da Câmara. *Contos tradicionais do Brasil*. São Paulo: Global, 2001.
CAVALCANTI, Joana. *Caminhos da literatura infantil e juvenil*. São Paulo: Paulus, 2002.
CHEVALIER, Jean, GHEERBRANT, Alain. *Dicionário de símbolos*. Rio de Janeiro: José Olympio, 1988.
COELHO, Nelly Novaes. *Literatura infantil*. São Paulo: Moderna, 2000.
_____. *O conto de fadas*: símbolos, mitos, arquétipos. São Paulo: DCL, 2003.
COLASANTI, Marina. Prefácio. In: *Lais de Maria de França*. Petrópolis: Vozes, 2001.
DARNTON, Robert. *Histórias que os camponeses contam*. O significado de Mamãe Ganso. In: _____. *O grande massacre de gatos*. Rio de Janeiro: Graal, 1986.
FITZPATRICK, Jean Grasso. *Era uma vez uma família*. Rio de Janeiro: Objetiva, 1998.
FRANZ, Marie-Louise von. *A interpretação dos contos de fada*. São Paulo: Paulus, 1990.
MACHADO, Ana Maria. *Como e por que ler os clássicos universais desde cedo*. Rio de Janeiro: Objetiva, 2002.

RIBEIRO, Jonas. *Ouvidos dourados*. São Paulo: Ave-Maria, 2002.

SAWYER, Ruth. *The way of the storyteller*. New York: Penguin Books, 1990.

SIMPKINSON, Charles e Anna (org.). *Histórias sagradas*. Rio de Janeiro: Rocco, 2002.

SPINA, Segismundo. *A cultura literária medieval*. São Paulo: Ateliê Editorial, 1997.

TATAR, Maria (ed.) *Contos de fadas*: Edição comentada e ilustrada. Rio de Janeiro: Jorge Zahar, 2004.

TODOROV, Tzvetan. *Introdução à literatura fantástica*. São Paulo: Perspectiva, 1992.

VOGLER, Christopher. *A jornada do escritor*. Rio de Janeiro: Ampersand, 1997.

WARNER, Marina. *Da fera à loira*: sobre contos de fadas e seus narradores. São Paulo : Companhia das Letras, 1999.

ZIPES, Jack. *The great fairy tale tradition*. New York: Norton, 2001.

ZUMTHOR, Paul. *A letra e a voz*. São Paulo: Cia. Das Letras, 1993.

Sobre a autora

Ana Lúcia Merege nasceu em 1969. É carioca, filha de professores. Aprendeu a ler muito cedo, mas mesmo antes disso, incentivada pelo avô Jorge, já inventava e contava suas próprias histórias. Logo surgiria o desejo de escrevê-las, o que faz até hoje. Isso resultou em três livros: as novelas *O caçador*, *O jogo do equilíbrio* e este *Os contos de fadas*, além de contos, recontos e poemas publicados em antologias.

Formada em Biblioteconomia e Mestre em Ciência da Informação, a autora trabalha com as coleções de manuscritos da Biblioteca Nacional, no Rio de Janeiro. Além disso, pesquisa sobre história do livro, mitologia e literatura fantástica e escreve artigos de divulgação voltados para o público mais jovem.

Sempre que pode, Ana gosta de viajar. Morou durante dois anos em Portugal. Atualmente vive entre a praia e o verde em Niterói (RJ).

Para conhecê-la melhor e a seu trabalho, é só acessar seu blog: http://www.estantemagica.blogspot.com. Ou escrever diretamente para a autora, no endereço anamerege@gmail.com.

Impresso por :

gráfica e editora

Tel.:11 2769-9056